LES

ROMANS ENFANTINS

GRAND IN-8 PREMIÈRE SÉRIE *BIS*

LES
ROMANS ENFANTINS

PAR

PAUL FÉVAL

———

ÉDITION SOIGNEUSEMENT REVUE ET CORRIGÉE

LIMOGES

MARC BARBOU ET Cⁱᵉ, Imprimeurs-Éditeurs

RUE PUY-VIEILLE-MONNAIE

—

1894.

A MA FILLE JOSÉPHINE

Ma bonne chérie,

Voici tes petits romans d'enfant que je te rends. Tu allais sur tes sept ans quand je te les donnai, et tu me dis tout de suite : « Ils sont trop grands pour moi. » Tu avais raison, mais je te répondis : « Tu vas grandir si vite ! »

Ils sont à toi toujours, je ne crois pas qu'ils soient devenus trop petits pour toi.

On les fit illustrer par Flameng et ce fut un brillant volume, à la première page duquel on mit ton portrait qui me regardait lire dans un respectable in-folio. Chez l'habile et cher photographe où tu vins poser à contre-cœur, il te fut recommandé de « faire comme si tu écoutais une histoire », mais tu avais bien l'air de n'écouter rien du tout. Ton cerceau était très ressemblant, ta corde aussi et ta poupée. Que de choses ont passé depuis ce temps-là, sans compter ta poupée !

Nous avions, toi et moi, dédié chacun de nos contes à une de tes amies, excepté le dernier qui était pour Paul, mon filleul. Laissons vivre ces souvenirs.

Tu les as bien aimés ces petits romans, ma fille, et comme ils étaient faits pour toi, j'ai eu peu de chose à en retrancher, encore moins à y ajouter pour les mettre au nombre de mes œuvres sévèrement revisées. Il y a une légende bretonne, une ballade allemande de la forêt de Thuringe, une histoire parisienne. Mais tu aimais mieux encore ce prodigieux récit que je commençai pour toi un soir où tu étais malade et moi aussi, et qui pensa ne point finir. Il s'agissait d'une petite demoiselle très élégante et très imprudente qui se laissait tomber dans le canal Saint-Martin. Un poisson la sauvait et la conduisait à sa mère, demeurant sous l'écluse. Cette mère du poisson avait bon cœur ; elle se faisait un plaisir de continuer l'éducation de la petite demoiselle et la présentait dans un monde vraiment extraordinaire, vivant au fond des bassins de la Villette. C'était dramatique au dernier point et tout à fait curieux, mais assez confus, je pense, car tu me demandas à la fin de tout si cette aimable mère était une dame ou un poisson.

Nous eûmes ensuite l'histoire de « l'Homme Bleu », ce géant malfaisant que je te montrais de loin accroupi sur l'écueil « les Errants », qui se dresse à l'entrée de la rade de Lorient, en dehors de la passe, et qu'on voyait si bien des croisées de notre petit château de Kerloudan. Quel magnifique panorama de mer on avait de chez nous ! et comme les bateaux à vapeur éployaient bien leurs chevelures de fumée ! Cet Homme Bleu subissait là le châtiment de plusieurs crimes et on lui envoyait les enfants méchants de tous les coins du Morbihan. Te souviens-tu des beaux catalpas qui servaient de frontispice à notre jardin, sur la terrasse, semblables à de monstrueux bouquets de fleurs ? Je t'avais prédit que l'Homme-Bleu serait détrôné, en définitive ; son histoire dura deux ans, et nous revînmes à Paris avant le dénouement. D'après les dernières nouvelles de Bretagne, il est encore accroupi sur son écueil.

Mais tu l'abandonnas volontiers pour la Femme sans jambes de la rue de Sèvres où tu jouais dans un salon féodal, haut de plafond comme les galeries du Louvre : j'entends le palais, et il est besoin de le dire, car nous vivons à une époque où les maisons des marchands sont beaucoup plus connues que les maisons des rois. Quand on dit « le Louvre », il s'agit du magasin de Nouveautés, qui fait, pour les dames ayant le sentiment du beau, une victorieuse concurrence au Musée. La femme sans jambes avait un succès de vogue dans ce salon où mon énorme table de travail semblait rapetissée à la taille d'un guéridon, et tout de suite après, nous eûmes la riante maison de la rue Saint-Maur, bâtie par M. de Breteuil, l'ambassadeur de France à la cour de Catherine la Grande : une façade Louis XVI, musant sur l'enchantement de la pelouse, ombragée par une forêt de vieux arbres. Là vinrent au monde deux de tes frères et deux de tes sœurs.

Ce fut le règne du vieux Raymond Brucker qui vous racontait, lui, de vraiment belles histoires, et dont la superbe éloquence entama si puissamment ma conversion qu'il ne devait pas voir accomplie. Il t'aimait bien ; tu le craignais, parce qu'il avait la barbe rude et qu'il caressait les enfants à tour de bras. Tu t'enfuis un jour qu'il me disait l'extravagante vie et l'admirable mort de Pierre Blot, le héros de mon moins mauvais livre, après celui qui s'appelle : La mort du père, *première étape de ma conversion.*

Tu étais une heureuse fillette. Tu as traversé un grand malheur. Tu as vu Dieu entrer chez ton père. Pendant deux ans, tu as travaillé de ton intelligence, sinon de tes mains. Chère ouvrière, tu as gagné ton pain à l'heure où je ne savais plus si je pourrais encore gagner celui de ma femme et de mes enfants. N'aie jamais honte de cela ; moi, j'en suis fier.

Aime Dieu, ma fille, tu as été protégée par sa tendre miséricorde. Si les mauvais jours revenaient, et qui peut répondre du lendemain au temps où nous sommes ? tu portes en toi le noble patrimoine des vaillants qui espèrent et qui croient.

Si au contraire la volonté de la Providence est de prolonger l'humble réussite de mes travaux, tu laisseras dormir tes diplômes pour aider ta mère et vaquer aux œuvres de la famille ; mais sois assurée de ceci : au soir de ta vie, le temps que tu aimeras à rappeler sera celui de ton épreuve. Les jours où l'on a combattu sous l'œil de Dieu brillent parmi les autres jours et font les souvenirs heureux.

LES BELLES

DE NUIT

Le château de Penhoël.

A GEORGETTE

LA LÉGENDE

Je ne vous connais pas, Georgette, mon cher ange, bien que votre père soit mon meilleur et mon plus vieil ami. Vous êtes une fille du Midi ; écoutez une histoire de cette Bretagne qui fut le berceau de vos aïeux.

Le château de Penhoël était une très vieille maison, d'apparence mélancolique, qui comptait vingt et une fenêtres de rang à chaque étage de sa façade et qui dressait ses girouettes plaintives au-dessus des grands chênes de la forêt du Theil, là-bas, entre la Lande-Triste et les marais de Saint-Vincent, sur les confins du Morbihan et l'Ille-et-Vilaine.

L'avenue droite et large menait ses six rangées de châtaigniers jusqu'à la route de Redon à la Gacilly, et deux rideaux de sapins, accompagnant

le château comme deux ailes déployées, donnaient à sa physionomie je
ne sais quelle expression sépulcrale.

Car les maisons aussi ont leur physionomie. J'en sais d'austères qui ont
la barbe grise et de grandes rides comme des gentilshommes chargés
d'âge et de chagrins ; j'en sais d'orgueilleuses qui dominent fièrement la
campagne vassale, comme si elles criaient à pleine voix la vaniteuse devise
gravée sous l'écusson tout neuf de leur portail ; j'en sais de sottement
bouffies, gonflant leur rotonde moderne comme un jabot de dindon ; j'en
sais d'innocentes, étalant leurs façades blanches avec tout le naïf conten-
tement de soi-même qui brille sur la joue fleurie du bonnetier parvenu.

Tout autour de Paris, que vous ne connaissez pas, Georgette, elles sont
prétentieuses à l'instar de leurs bourgeoises châtelaines. C'est exactement
la coque qu'il faut à cet escargot de boutique ou de salon qui est la plupart du temps un fort joli petit animal et qu'on appelle la Parisienne. Ces
maisons doivent le jour à des architectes qui les ont montées comme des
pièces de pâtisserie, derrière une petite grille, joie du propriétaire, et au
milieu d'un petit parc, chef-d'œuvre de mauvais goût.

Elles possèdent des jets d'eau, des lacs, des bois et des prairies.

Il faut fermer le parc les jours de dégel, de peur qu'on ne l'emporte, collé
à la semelle des souliers.

En Bretagne, ce n'est pas ainsi. Le dur granit qui est partout dans cette
pauvre terre, comme les os sous les muscles d'un corps d'athlète, fait des
maisons solides et lourdes, qui noircissent à la brume, et dont le soleil
lui-même ne peut dérider les visages de pierre.

Vous les voyez le long des routes, au fond des vallons pleins d'eau, ou
sur les crêtes des montagnes chevelues.

La forêt les accompagne toujours par derrière, comme la crinière coiffe
la nuque du lion. Elles sont grandes, souvent solitaires ; leur orgueil n'est
jamais puéril ni bavard. On dirait qu'elles regardent en tristesse le large
domaine qui les entoure : elles semblent toutes regretter quelque chose ou
quelqu'un.

Le château de Penhoël était une de ces vastes demeures bâties au hasard des besoins de la famille. Ce hasard peut être heureux par la raison qu'en architecture l'utile est très souvent le beau.

Penhoël, largement assis au sommet de la montée avec son corps de logis massif et ses deux ailes inégales, était l'honneur du paysage et eût attiré l'œil d'un peintre. Il semblait, et c'est le meilleur éloge possible, qu'il fît partie nécessaire de ce tableau que la main de Dieu avait dessiné.

On n'aurait pu l'enlever sans tuer l'harmonie des aspects, et l'idée ne venait point qu'il fût possible de le remplacer par une autre demeure.

Il n'avait rien de précisément monumental, sinon sa simplicité même. On voyait du premier coup d'œil qu'il avait appartenu à des Bretons de vieille roche, gentilshommes terriers, vivant et mourant sur le sol. Les communs, en effet, ne tenaient qu'un côté de la cour. La ferme était de l'autre, formant ainsi partie intégrante du logis, comme les métayers, selon l'apparence, avaient dû être portion dans la famille.

C'est à la ferme que nous entrons : une énorme salle basse, entourée de meubles rustiques, parmi lesquels il faut distinguer les lits à double étage, flanqués du montoir-bahut et fermés par des rideaux de grosse serge verte. On y marchait sur la terre battue. La lumière entrait par la porte, qui n'avait pour auxiliaire qu'une très petite fenêtre à carreau dormant. Dans l'âtre, quelques tisons à demi consumés se couvraient de cendres blanches et renvoyaient le long de la crémaillère, semblable à une gigantesque scie, les spirales paresseuses de leur fumée qu'un rayon de soleil couchant saisissait au passage pour donner à sa transparence ces vagues reflets d'un bleu pourpré.

Turc dormait, fermant ses yeux chassieux et oubliant ses pattes dans les cendres. Turc était un fort chien de race, que le malheur des temps avait forcé d'accepter un emploi de mâtin. Les races vont tombant en Bretagne : les races de chiens et les races d'hommes.

Dans la cheminée même, sur deux billots carrés que le frottement des braies ou culottes de toile avait polies, deux vieux paysans fumaient leurs petites pipes à court tuyau. Marthe filait à son rouet. Jacqueline coupait la bouillie de blé noir refroidie et durcie pour faire la soupe dans le grand chaudron étamé. Autour de la table, trois ou quatre garçons buvaient à petits coups leur écuellée de cidre.

Marthe était la mère du métayer. Elle avait près de quatre-vingts ans. Jacqueline, la ménagère, était dans la force de l'âge. Les deux vieillards étaient des voisins ; les garçons rassemblés autour de la table avaient fait la moisson. On était à la veille de la mi-août en l'année 1846.

— Dru et lourd qu'il est à cette année, le grain, sans mentir, dit Josille, un des moissonneurs.

— Belle paille donc, itout, ajouta Joson, son confrère.

— Haute et franche, aussi vrai comme je vous le dis ! appuya José, le troisième coupeur de blé.

La vieille mère donna de la salive à son chanvre.

— Grain coupé n'est pas battu, prononça-t-elle d'un ton sentencieux et sourd.

— Grain battu n'est pas ramassé, reprit le vieux Vincent.

— Grain ramassé n'est pas mangé, acheva la mère qui imprima un mouvement plus rapide à son rouet.

En Bretagne, les conversations villageoises vont ainsi par groupes d'axiomes ; mais ces axiomes contiennent presque toujours une allusion au temps présent et disent beaucoup plus qu'ils n'en ont l'air.

— Est-ce qu'il y a quelque chose de nouveau, mère ? demanda Jacqueline, la ménagère.

— Il y a, répondit le métayer qui rentrait, il y a que *not' maître* veut mettre *not' monsieur* en prison pour le finir.

Le métayer se nommait Jean-Marie Dolet. C'était un beau paysan d'une quarantaine d'années, hâlé par les brouillards des marais, et bâti en hercule. Il jeta son grand chapeau sur la table et s'assit d'un air sombre.

D'ordinaire, ces deux expressions, not' maître et not' monsieur, ont une seule et même signification.

Quand le paysan breton les sépare, c'est que sa ferme a changé depuis peu de propriétaire.

Not' maître est alors celui qui touche les revenus, not' monsieur est celui qui les touchait autrefois.

En général, not' maître n'a pas acheté l'affection du fermier avec la ferme.

On est fort lent, là-bas, à se faire aux choses nouvelles et aux hommes nouveaux. Not' monsieur — si c'est un bon monsieur — emporte avec lui toute la tendresse de ces bons cœurs, obstinés dans leurs sympathies.

C'était ici le cas. M. le marquis de Pontalès, not' maître, qui n'était pas encore aimé, avait acheté le bien du vicomte Hoël de Penhoël, not' monsieur, qu'on aimait toujours.

— Avant que ça finisse, Jean-Marie, mon fils, dit la mère, qui arrêta son rouet, il passera de l'eau sous le pont de Gacilly, oui !

— Pourquoi dites-vous cela, bonne femme ?

— Parce que les Belles-de-nuit courent le long de l'eau, garçon.

— Les Belles-de-nuit donneront-elles de l'argent à Penhoël ?

— Peut-être.

Le rouet de la vieille Marthe grinça de nouveau et le fuseau tourna. Jacqueline avait mis le chaudron à la crémaillère et ranimé les tisons à demi éteints. L'eau jetait de gros bouillons et rendait des murmures.

— Remets de la farine de blé noir dans la marmite, fille ! ordonna tout à coup la vieille femme. Les Belles-de nuit viendront chercher leur part ce soir.

— Qui vous l'a dit, mère ?

— Mon petit doigt.

Il y eut un léger frémissement parmi l'assistance.

— Pontalès, reprit la mère Marthe, a défendu de porter pain, légume ou chair d'animal à la maison Gaillot, où not'monsieur et sa femme sont dans la peine. Mais M. le recteur [1] dit en chaire : « Donnez à manger à ceux qui ont faim. » Pontalès voulait abattre le vieux chien Turc, parce qu'il avait

1. Le curé.

appartenu à Penhoël. Il y a des bons et des méchants. Faut-il obéir aux bons qui ne peuvent rien pour nous ? Faut-il obéir aux méchants qui peuvent nous chasser, nus comme vers de terre, quand viendra la fin du bail ?...

Jean-Marie prit à poignées ses longs cheveux fauves et les ramena sur son front baigné de sueur.

— Le recteur parle au nom de Dieu crucifié, dit le vieux Vincent, qui secoua les cendres de sa pipe.

L'autre vieillard répondit :

— Jean-Marie Dolet a quatre enfants. Ça le regarde s'il veut les voir chercher leur pain sur la route.

— Ça le regarde, répliqua la mère avec emphase, comme ça te regarde, toi, Pierre Dolet, d'espionner tes parents et tes amis pour le compte de Pontalès à qui tu as vendu ton âme.

Elle reprit sa tâche en ajoutant :

— Fais toujours la part des Belles-de-nuit, ménagère.

Les Belles-de-nuit, ma petite Georgette, ne doivent pas être connues sur les bords du Tarn et je vais vous en dire la gracieuse légende qu'a inspirée à nos poètes bretons la vue de ces nuages légers, flottant sur les marais, entre la terre et le ciel.

Mais il y a une histoire.

Les premières Belles-de-nuit étaient trois jeunes filles, les nièces du roi Grallon, dont l'héritière Ahès commit assez de crimes pour attirer sur la ville d'Is la divine colère qui l'anéantit comme Sodome et Gomorrhe.

Les trois nièces du roi étaient pures autant que la princesse Ahès était coupable et, comme il arrive souvent, leur sainteté passait pour un crime aux yeux des favoris d'Ahès.

Le bon roi Grallon était trop faible pour défendre ses nièces contre sa fille. A part sa faiblesse, c'était un bien digne roi.

Il faut vous dire que la ville d'Is, dont peut-être vous n'avez jamais ouï parler, était, au temps du roi Grallon, de saint Guénolé et de saint Corentin, la première ville du monde. C'est d'elle que Paris a pris son nom. Paris étant en effet la plus belle capitale après la ville d'Is, fut appelée Par-Is, c'est-à-dire : semblable à la ville d'Is.

Le fait est absolument certain, quoique la plupart des historiens aient omis de le mentionner.

La ville d'Is était bâtie au bord de la mer et occupait une surface immense. Ses clochers étaient si nombreux qu'on n'en savait point le compte, ses palais éblouissaient le regard par leur multitude aussi bien que par leur magnificence.

Dans l'un de ces palais, qui était consacré aux beaux-arts, mille jeunes gens étaient élevés aux frais de l'État et recevaient les leçons de cent professeurs, tous hommes de génie. Les Français venaient voir la ville d'Is comme les Bas-Bretons encombrent maintenant Paris ; la ville d'Is riait bien de leur accent et de leurs manières.

Aux courses de chars, aux concerts et à la promenade, quand on rencontrait un balourd gauche en ses façons et bayant naïvement aux merveilles de la splendide capitale, chacun se disait : C'est sûrement un pataud de Paris !

Par-dessus tous ces miracles de grandeur, la ville d'Is avait une parure qui manquera toujours à Paris : elle avait la mer, la vaste mer, l'amour de Dieu et des hommes, le miroir où le ciel contemple tour à tour l'azur étoilé de son firmament et l'or de son radieux soleil.

Le monde veut que sa métropole ait les pieds dans la mer, qui est la richesse et la puissance. Aussi, quelque jour, la mer viendra à Paris, ou Paris ira à la mer.

La ville d'Is était tout portée, elle avait la mer. Des fenêtres de ses palais, elle voyait ce lit de pourpre et d'or où le soleil du soir endort sa fatigue éblouissante. Une forêt de mâts, plus longue et plus large que la forêt de Broceliande, balançait autour de ses quais les pavillons de tous les pays de l'univers. C'est Londres, la cité maussade, lugubre, mais opulente entre toutes, qui a recueilli cette portion de l'héritage du roi Grallon.

Ainsi, chacune des deux races a eu sa part selon son génie ; aux Français la gloire des arts, aux Anglais la richesse qui naît de la navigation et du trafic.

L'excès de la prospérité amène le mal. Les saints qui abondaient alors dans les couvents et dans les ermitages de Bretagne se réunirent une fois, et la ville d'Is vit avec étonnement cette armée des soldats du Christ qui ne portaient point d'armes ; elle vit ces longues barbes blanches, ces fronts humiliés, mais couronnés d'auréoles.

On dit que les saints étaient venus raconter au roi Grallon la chute de Babylone.

Le roi Grallon eut peur. Il aurait bien voulu chasser la corruption hors de sa ville, mais la corruption s'appelait Ahès et le roi Grallon avait toute la tendresse des pères.

Qui donc d'ailleurs écouta jamais les saints ?

La ville d'Is était défendue contre la mer par un rempart de marbre qui avait douze portes, afin que la marée pût inonder ses bassins. Le roi gardait les clés des douze portes sous l'oreiller de son lit, car une main traîtresse ou imprudente pouvait s'en servir pour introduire la mort.

Un matin la princesse Ahès vint au lever du roi ; elle offrit à ses baisers son front où se jouaient les boucles de ses cheveux noirs, baignés d'onctions exquises ; elle appela sur ses lèvres son sourire, qui enivrait comme un breuvage ardent, et dit :

— Seigneur, les trois princesses vos nièces, Ysol, Ellé et Milla, ont insulté votre fille.

— Et comment, bien-aimée, lui demanda le roi, les trois saintes recluses ont-elles pu insulter la reine de mon cœur ?

Ahès ne pouvait répondre que c'était leur sainteté même qui blâmait ses dérèglements. Elle appela les larmes à son secours. Quand Grallon la vit pleurer, il lui donna ses nièces Ellé, Ysol et Milla.

Il lui aurait donné son âme.

Ahès retrouva son sourire pour remercier son père, mais avant de sortir elle déroba les clés des écluses qui étaient sous l'oreiller.

Il y avait à l'ancre un vaisseau d'Orient, monté par un prince puissant qui avait promis à la princesse Ahès les trois plus beaux diamants de Golconde si elle voulait l'introduire dans la ville. Elle aimait les diamants ; le mal ne coûtait rien à son âme perdue. C'était pour introduire le prince étranger qu'elle avait dérobé les clés au chevet de son père.

Un grand festin fut préparé dans son palais pour fêter le prince d'Orient. Au dessert, Ahès comptait appeler ses trois cousines et les livrer comme esclaves aux Orientaux, pour qu'elles fussent emmenées dans les pays infidèles.

Or, ce même matin, un tonsuré parcourut les rues de la ville, monté sur un âne gris marqué d'une croix blanche.

Le tonsuré ne parlait point aux gens, mais il chantait d'une voix forte et profonde, tout le long de son chemin, les versets latins du *Dies iræ*.

Il bénissait en passant les églises dont toutes les fenêtres ouvraient à sa voix les hauts châssis de leurs ogives pour donner passage aux statues des saints et aux personnages des tableaux de piété qui s'envolaient vers le ciel.

C'était une chose extraordinaire et qui jamais ne s'était vue.

Les gens de la ville d'Is se demandaient : Que veut dire cela ? que veut dire cela ?

Mais aucun d'eux ne savait répondre.

La princesse Ahès, informée du fait, donna l'ordre de saisir le tonsuré et son âne.

Elle dit en riant, car elle avait un gai caractère :

— Puisque les saints de pierre nous cèdent la place, nous prendrons les églises pour mettre nos chevaux.

D'autres l'ont dit et même l'ont fait depuis ce temps-là, car l'homme sans Dieu descend au-dessous des brutes à quatre pattes.

On jeta le tonsuré à bas de sa monture. Il arriva pourtant jusqu'au palais du roi et appela par trois fois :

— Grallon ! Grallon ! Grallon !

Puis il ajouta :

— Grallon de renom, tu perds ta ville, sauve ton âme !

Il s'arrêta devant la prison où étaient les trois jeunes sœurs Milla, Ellé et Ysol. Il fit le signe de la croix sur la porte, disant :

— Ame de la terre, âme de la mer, âme de l'air !

Et au moment où les gardes de la princesse Ahès s'élançaient pour le saisir, il s'évanouit comme une vapeur et prononça le nom de saint Guénolé.

L'âne échappa à ceux qui l'avaient dérobé, et se réfugia dans le palais du roi Grallon.

Voilà que la nuit vint. Au milieu des ténèbres, le palais de la princesse Ahès se prit à resplendir comme un grand lustre de cristal. Le festin commença et le prince d'Orient plaça lui-même les trois diamants, gros comme des œufs et jetant le feu par mille facettes, dans les noirs cheveux de la belle Ahès.

Au dehors, il y avait tempête. La mer criait et les navires tourmentés sur leurs ancres, gémissaient. Ahès entendait l'orage. Elle leva la coupe et, défiant l'Océan, elle s'écria :

— A ta santé, tempête !

La digue était haute, épaisse, solide comme une montagne. On pouvait se réjouir en la ville d'Is, malgré les menaces de la mer. Le rempart avait fait ses preuves contre les plus forts orages et les plus hautes marées.

Cependant, le bon roi Grallon s'était couché à neuf heures, selon sa coutume, car il était de vie rangée. A minuit, il fut éveillé par une voix qui lui disait :

— Lève-toi, Grallon de renom !

Il regarda autour de lui en se frottant les yeux, et vit l'âne qui fixait sur lui ses prunelles de feu. La mer hurlait si haut qu'il crut les Anglais dans la ville.

— Qui donc a parlé ? demanda-t-il. Ane, est-ce toi ?

C'était l'âne, car l'âne répondit :

— Tu perds ta ville, sauve ton âme.

Le roi Grallon n'était pas encore bien éveillé. Il se mit à califourchon sur le dos de l'âne, à tout hasard, et l'âne descendit les escaliers quatre à quatre. Quand on fut dans la rue, le roi dit :

— S'il y a du danger, allons prévenir ma fille Ahès.

— Sauve ton âme, repartit sa monture.

Le roi vit bien que l'âne avait des préjugés contre la princesse Ahès. Pour l'amadouer il parla des trois saintes.

— Allons, reprit-il, chercher mes trois nièces, Ysol, Ellé et Milla.

— Sauve ton âme !

Le bon roi Grallon avait beau serrer la bride, l'âne allait plus vite que le vent ; il allait vers l'est, où sont les montagnes. Impossible de l'arrêter.

Derrière lui, le roi entendait un bruit étrange et qui ne ressemblait plus au fracas lointain de la tempête.

— Qu'est cela ? demanda-t-il encore.

L'âne lui répondit pour la quatrième fois :

— Sauve ton âme.

C'était déjà beaucoup pour un âne. Peu d'hommes parlaient si bien que cela.

— Holà ! criait en ce moment Ahès dans son palais, qu'on m'amène mes trois chères cousines, Ellé, Ysol et Milla !

Le vin de France avait mis ses joues en feu. Le prince d'Orient lui faisait des compliments de Golconde, étincelants comme ses diamants.

On amena les trois petites saintes : trois anges de Dieu ! Leurs doux yeux bleus se fixèrent sur Ahès, et toutes les trois à la fois elles murmurèrent :

— Repens-toi, fille de roi !

Ahès éclata de rire. En ce moment, le bruit étrange que Grallon avait entendu entra dans la salle du festin, et la princesse demanda, elle aussi :

— Qu'est cela ?

— C'est la colère du Seigneur, répondirent les trois vierges.

— C'est l'Océan qui fait bombance aussi, dit le prince d'Orient, dont les yeux riaient un rire terrible.

— Tant mieux ! s'écria la princesse ; si l'Océan vient, nous le boirons !

Il ne faudrait point juger les princesses de ce temps-là par la belle Ahès. C'est à cause d'elle que certaines demoiselles d'aujourd'hui sont encore appelées des « princesses », par quoi l'on entend qu'elles ont bu toute la honte et jeté leurs coiffes par-dessus tous les moulins.

Le fait est que les autres princesses n'ont point l'habitude de se conduire comme cette Ahès qui soupait trop bien, et, ce soir-là, elle avait encore mieux soupé que les autres soirs.

Dans sa gaieté, elle ordonna à ses officiers de cadenasser les trois saintes au cachot. Ysol, Ellé et Milla, entendant cet ordre, joignirent leurs mains d'enfants et demandèrent à Dieu le pardon de leur persécutrice.

Mais l'Océan avait entendu le défi insensé de la princesse Ahès. Une voix déchirante comme le cri des orages et qui venait on ne savait d'où, prononça ces mots :

— Fille de roi, bois-moi !

Et une énorme vague entra par les fenêtres brisées.

Ce fut, dans la salle du festin, un seul cri, fait de mille blasphèmes. Au-dessus de ce cri, la voix des trois vierges s'éleva, qui disait :

— Hosannah ! au plus haut des cieux !

Le prince d'Orient avait saisi Ahès dans ses bras noueux. Ses regards brillaient comme deux charbons. La fumée lui sortait de la bouche.

La mer montait dans la salle comme sur une grève. La mer, en montant, ne put noyer ses yeux. Il faut autre chose que l'eau de la mer pour éteindre la prunelle du démon.

Mais d'où venait-elle, la mer ? Avait-elle brisé la digue, forte et haute comme une montagne ?

La mer venait par les portes qu'Ahès elle-même lui avait ouvertes avec les clés dérobées au chevet du roi Grallon. La princesse avait trouvé les diamants si beaux qu'elle avait oublié de refermer l'écluse par où, à marée basse, elle avait introduit le prince d'Orient.

Et l'Océan était entré à marée haute, et la princesse Ahès, comme elle l'avait dit par bravade, *buvait l'Océan*.

Tous les convives étaient sous l'eau qui déjà étouffait leur dernier râle. Les trois vierges flottaient au-dessus des vagues et louaient Dieu.

Cependant, quand le bon roi Grallon, monté sur son âne, fut en haut de la montagne, il se retourna pour regarder sa ville capitale, la plus belle, la plus grande, la plus noble des cités qu'éclairait le soleil. Il ne vit plus rien, le bon roi Grallon : ni tours, ni clochers, ni terrasses, ni dômes dorés, ni remparts dentelés comme des festons. Au lieu de cela, c'était la mer, calme et muette ; car la tempête s'était tout à coup apaisée, et l'Océan dépliait sur la ville morte un immense linceul.

Il n'y avait plus rien, rien, entendez-vous, Georgette, chère fille ? rien, sinon trois formes blanches qui flottaient.

Le roi Grallon se mit à genoux et frappa sa poitrine. L'âne avait disparu ;

mais quand le roi Grallon se releva, il trouva près de lui saint Guénolé, avec l'auréole autour de son front chauve et la longue barbe grise qui tombait sur sa poitrine.

Elles sont là, sous les saules.

Ils s'approchèrent tous deux de la grève, pour voir ces objets blancs flottant sur le désastre.

C'était une étoile du ciel, une fleur de la terre et une vapeur de l'eau.

La petite étoile, qui paraît au matin, et que les diligents aperçoivent comme un signe d'espérance ; la fleur candide, qui enguirlande nos haies, suspendant ses clochettes d'argent à la verdure des pruniers sauvages, la clochette de la vierge ; la vapeur, enfin, le cher petit nuage qui s'élève de la tombe humide, à peine fermée, et nous montre encore une fois, vaguement, comme en un rêve, la forme terrestre de l'ange qui est remonté au ciel.

Les Belles-de-nuit, les trois Belles-de-nuit : l'étoile, la fleur, l'esprit errant ; l'âme de l'eau, l'âme de la terre, l'âme des airs ; Ysol, Ellé, Milla.

La Bretagne, Georgette, en a des milliers : toutes les étoiles de son ciel sont des âmes, toutes les fleurs de ses champs, des âmes, toutes les vapeurs de ses prairies ou de ses lacs, des âmes !

Jamais le voyageur nocturne n'est seul dans le chemin. Il a l'étoile qui le garde ; si l'étoile est cachée par le nuage, le nuage veille à la place de l'étoile et rafraîchit la fleur endormie en laissant tomber une larme de cristal dans le blanc calice de sa corolle.

Elles sont là, sous les saules et sous les chênes, le long de l'eau et sur la lande, mystérieuse trinité dont les trois personnes joignent la terre au ciel en se tenant par la main ; elles sont là, toutes les vierges de Bretagne, toutes celles que Dieu retira du monde avant l'heure du mariage, toutes les chères petites âmes, blanches comme l'étoile.

Et nos pauvres paysans ont pour elles une tendresse mêlée d'un peu de frayeur. Les Belles-de-nuit sont parfois sévères pour les méchants et pour ceux qui ne donnent pas le pain aux malheureux.

De là un usage touchant, bien qu'il ait une couleur païenne, comme beaucoup de vieux usages bretons : quand une jeune fille est morte dans un village, longtemps après son décès, ses parents, ses amis, tous ceux qui l'ont aimée continuent de faire sa part à table.

On dépose cette part en dehors du seuil, à la nuit. La part ne manque jamais d'être enlevée, car la Belle-de-nuit la porte *au plus pauvre*... quand le plus pauvre ne vient point la chercher.

Qui t'a donné la pièce, failli ?

II

LA PART DES BELLES

Le soleil s'était couché derrière le vieux mur tout hérissé de lierre. La ménagère Jacqueline venait d'allumer la chandelle, retenue par un bâton de noisetier, fiché entre les pierres, sous le manteau de la cheminée. On sentait le fumet du beau petit morceau de lard qui graissait la marmite, et les narines gourmandes commençaient à s'ouvrir autour de la table.

Les enfants venaient de rentrer après leurs jeux ou leurs travaux ; Simone, l'aînée, avait trait les trois vaches ; Annaïc, la petite, avait fait la litière au veau ; Yvon, le grand gars, laissait l'attelage bien soigné : la grise et les deux bœufs ; le petit Pelo, déplorablement morveux, je dois le confesser, malgré le respect que je vous dois, Georgette, cordait encore le fouet de sa toupie, trois peaux d'anguille habilement tressées.

C'était l'heure du souper ; ceux de la maison avaient pris place à la table, et chacun attendait avec impatience que la ménagère prononçât les paroles sacramentelles : « A la soupe, si vous voulez, tertous et tertoutes ! » avant de dire le rustique *Benedicite.*

Pelo, le gros bambin aux cheveux plus mêlés que le lierre du mur, tira de sa pochette, non pas un mouchoir, saint Sauveur ! un mouchoir ! c'est bon pour M. le recteur ! mais une quatrième peau d'anguille pour faire la mèche de son fouet.

La peau d'anguille entraîna un objet qui tomba et qui sonna en heurtant un soc de charrue que Vincent était en train de dérouiller.

— Qu'as-tu là, garçaille ? demanda la ménagère, ça sonne comme de l'argent blanc.

— Aussi vrai comme Dieu est grand, affirma Monique, la servante, ça sonne comme de l'argent blanc, tout de même.

Joson, José et Josille ne dissimulèrent point que ça sonnait comme de l'argent blanc, pour sûr, et Jean-Marie, le père, décida d'un ton grave :

— Faut pas mentir, ça sonne comme de l'argent blanc !

Pelo était rouge et tout penaud. Il se gratta la tête et fit mine de chercher sous la table.

Alors seulement tout le monde se baissa et put voir une pièce de quarante sous devant le soc de la charrue.

La ménagère dit :

— C'était de l'argent blanc, oui !

— Oui-fait donc bien ! approuva le père. C'était de l'argent blanc, not'femme.

— Vrai comme je le dis, pas moins, de l'argent blanc ! pour sûr et pour vrai ! quarante sous marqués dans un petit rond, dit Josille.

— Ah ! dame oui, dame ! ajouta José.

Comme vous le pensez bien, Georgette, cette conversation peut se prolonger pendant des semaines entières sans épuiser l'intelligence des causeurs. Eh bien ! je vous assure qu'ils y mettent une très vive animation, parfois même beaucoup de passion.

Leur langue est composée d'un très petit nombre de mots. Ce qu'ils pensent n'est pas dans les mots, mais à côté. Ici, par exemple, l'étonnement était au comble, la curiosité énergiquement excitée ; pourtant, ce ne fut

qu'au bout de plusieurs minutes et lorsque la soupe était déjà sur la table
que la ménagère demanda :

— Qui qui t'a aumôné, garçaille ?

Qu'as-tu là, garçaille ? Ça sonne comme de l'argent blanc.

La vieille mère repoussa son rouet et mit son fuseau en place.

— C'est quelqu'un qu'a de l'argent blanc, pour sûr, grommela-t-elle
d'un accent moqueur qui ne lui était point habituel.

Puis elle chantonna d'une voix chevrotante :

Y avait tout près d'chez nous
Un port de mer plein d'eau salée :

> Venez les battoux,
>
> Des choux,
>
> Du lait doux,
>
> D'la morue parée !
>
> Hou hou !
>
> C'est l'hibou !
>
> Y avait dessus un bateau,
>
> Un amiral de la marine
>
> Et ses matelots,
>
> Farauds :
>
> L'cidre est chaud,
>
> Grillez la sardine !
>
> Ho ho !
>
> C'est l'corbeau !
>
> Il dit : j'ai z'oublié déjà
>
> Le ch'min qui conduit chez mon père ;
>
> Enseignez-moi ça,
>
> Mes gars,
>
> Du tabac :
>
> Oùs qu'est ma commère ?
>
> Ha ha !
>
> C'est le chat !

La vieille, ayant chanté ainsi, se mit au milieu du banc et croisa ses mains ridées sur la table. Si ce n'eût été une bonne femme craignant Dieu et portant chapelet au cordon de sa jupe, bien des gens l'auraient prise pour une sorcière. Elle en savait toujours bien plus long qu'elle n'en disait. Et qui lui apprenait ce qu'elle savait ? Dieu réponde !

Jamais, au grand jamais, elle ne passait le seuil de la ferme pour aller dehors.

— Il y a quelque chose qui vous trotte dans vot' tête, la mère, c'est sûr ! murmura le fermier, non sans inquiétude.

— Dites-nous ça, not' maman, appuya la ménagère.

Tout le monde se mit à écouter. La vieille fit le signe de la croix et récita son *Benedicite* après tout le monde, comme elle le savait. Ce n'est pas le meilleur latin qui plaît toujours le mieux au bon Dieu.

— Oui, oui... murmura-t-elle en essuyant son assiette de bois avec son tablier, il y a bien assez longtemps qu'il est parti pour avoir oublié la route de la maison de son père !

— De qui donc comme ça, not' mère, que vous parlez ?

La bonne femme, au lieu de répondre, appela le petit Pelo et lui caressa les cheveux.

— Qui qui t'a donné la petite pièce, failli ? demanda-t-elle d'un ton où la prière et la menace se mêlaient à doses si parfaitement mesurées que l'indocile enfant fut subjugué du premier coup.

— Je ne le connais point, répondit-il d'un accent boudeur ; c'est un bourgeois qui n'est point de par chez nous. Que j'étais donc à prendre des anguillettes dans la vase pour ma trompe (toupie), qu'elles grouillaient comme des vers de terre aujourd'hui. Oh ! là ! là ! y en avait-il des anguillettes ! « Hé Poulot ? » J'ai cru qu'il disait Pelo, qu'est mon nom, et j'ai regardé. Ah dame ! il était cossu et reluisant comme d'autrefois notre monsieur, et il m'a dit comme ça : « Poulot... — C'est Pelo, que vous voulez dire ? » que j'ai fait. « Poulot, qu'il a repris, c'est-il dans ce pays-ci, pas loin, dans l'environ que reste M. le vicomte de Penhoël ? » Moi j'ai dit : « Ça vous fait-il quéqu'chose à vous ? » Sûr qu'il m'avait fait manquer la plus grosse d'anguillette, s'entend. Il a refait : « Je voudrais savoir. » J'ai ri, parce qu'il mettait la main à la pochette de son gilet. Il a ri aussi, et j'ai ri plus fort. Ah ! j'ai ti ri ! Je croyais à un sou ; j'ai vu la pièce blanche et j'ai fait la roue. Mais je ne savais pas que ça valait quarante sous. Not' grand'maman, faut qu'on me les rende !

— On te les gardera pour quand tu seras plus grand, Pelo, dit la ménagère.

Pelo prit place à la table d'un air sombre.

La vieille appuyait sa tête grise contre sa main.

— Qui vivra verra, murmura-t-elle. Pontalès est riche, mais le bon Dieu voit clair... Depuis que les petites demoiselles sont mortes, il y a deux Belles-de-nuit de plus sous la lune, et quand l'oncle en sabots passe devant notre porte pour aller pleurer au cimetière, j'entends bien ce que dit le vent.

— Que dit le vent, not'mère ? demanda le métayer tout bas.

Et chacun répéta, tandis que les regards avides étaient braqués sur la bonne femme :

— Que dit le vent ?

— Le vent dit : « Nous sommes là, nous sommes là, nous sommes là... » et le vent chante leurs noms dans les branches du grand figuier, mes gars et mes filles. Le vent chante comme ça : « Louise ! Marie ! Louise ! Louise ! Marie ! Marie ! »

— Bonsoir à tous, prononça une voix grave et douce en dehors du seuil. N'oubliez pas dans vos prières mes deux fillettes, Louise et Marie de Penhoël.

Il n'y en eut pas un pour rester assis. L'aïeule elle-même se mit sur ses jambes chancelantes, tandis que le vieux chien allongeait le cou vers la porte. Aux dernières lueurs du crépuscule, on put voir un vieillard de haute taille qui était vêtu d'un habit de gentilhomme, bien usé et bien vieux, taillé à l'ancienne mode. Un large chapeau de paysan couvrait ses cheveux blancs.

Ce ne fut qu'une seule voix pour dire avec un respect profond :

— Bonsoir à vous, monsieur le chevalier de Penhoël !

C'était l'oncle en sabots, le bon chevalier Jean de Penhoël, qui revenait du cimetière où dormaient ses deux filles.

Il ne s'arrêta point. Quand il fut passé, la vieille dit comme on ordonne :

— Faites la part des Belles-de-nuit, ménagère !

Elle fut à l'instant obéie.

Avant que personne eût porté la cuillère à ses lèvres, deux pleines écuellées de soupe furent prélevées avec deux morceaux de lard et deux talons de pain.

On chargea la petite Simonne d'ouvrir la demi-porte et de placer les deux offrandes sur la marche d'ardoise qui était en dehors du seuil.

Simonne, un peu tremblante, s'acquitta de son office et revint toute pâle, en faisant le signe de la croix le long de son chemin.

Puis la ménagère remplit les écuelles à la ronde, et le bon appétit chassant les pensées tristes qui étaient dans l'air, chacun se mit à manger avidement.

— La trempée est bonne, dit Vincent.

— Bonne et droite en goût, faut pas mentir, opina Monique.

Jean-Marie Dolet, le maître de céans, huma, non sans volupté, les dernières gouttes de son potage, et conclut avec autorité, comme si tout le monde eût été contre lui :

— Aussi vrai comme je vous le dis, les gars et les filles, la trempée était bonne à c'te vêprée, tout à fait coulante et bellement graissée.

— N'empêche ! s'écrièrent résolûment José, Joson et Josille ; elle était bonne, la trempée, ah ! mais dame oui, tout à fait !

La ménagère remercia d'un signe de tête à la ronde, car le compliment était pour elle, et ajouta du fond de son bon cœur :

— Je voudrais tant seulement que notre monsieur, madame et le pauvre ange en aient de pareilles tous les soirs à la maison Gaillot.

— Écoutez ! fit la vieille tout à coup.

Le chien Turc se dressa sur ses pattes en étirant la longue cambrure de son dos.

Le vent se mit à secouer les feuilles du grand figuier, qui bruirent comme des lambeaux de parchemin.

Le doigt sec et ridé de la vieille montra la porte. Ceux qui osèrent regarder virent deux formes blanches qui passaient au dehors.

Le chien Turc poussa un hurlement gémissant et sourd.

La vieille se leva et marcha sans bâton jusqu'à la porte. Elle l'ouvrit,

Elle prit les deux écuelles sur la marche d'ardoise qui servait de seuil et revint les déposer au milieu de la table, solennellement.

Les deux écuelles étaient vides.

— Les Belles ont pris leur part, dit-elle.

Simonne déposant la part des Belles-de-Nuit.

Les deux coquins se parlèrent à cœur ouvert.

III

LA CHANSON DU SABOTIER

Dix-huit ans auparavant, le château de Penhoël était une maison hospitalière et opulente ; dans toute la contrée, à dix lieues à la ronde, on ne jurait que par Penhoël.

Le vicomte Hoël de Penhoël avait une des plus belles terres de Bretagne. Son domaine contenait plus de vingt fermes, des moulins à eau le long de la rivière d'Oust, des moulins à vent sur la montagne, au milieu des vastes landes des taillis, des futaies, des genêts dont il ne pouvait faire le tour en une journée. Il n'y avait point de chasse pareille à la sienne, depuis la Roche-Bernard jusqu'à Paimpont où sont les Cyclopes.

Quand on venait lui payer les fermages à la Saint-Jean et à la Saint-Michel, il ne savait que faire de son argent.

Mais les pauvres, en définitive, savaient bien ce qu'il en faisait.

Il était vieux. C'était le père de celui que nous avons entendu appeler « Notre monsieur » dans la ferme de Jean-Marie Dolet.

Il avait deux fils : Philippe et Pierre, deux braves jeunes gens qui s'ai-

maient. Sa famille se composait en outre d'un pauvre cadet, Jean, chevalier de Penhoël, qui recevait l'hospitalité de ses aînés, et de Juliette,
jeune orpheline, qui était la nièce de feu Mme la vicomtesse de Penhoël.
On appelait, dès lors, Jean de Penhoël l'oncle en sabots, parce qu'il
surveillait le domaine, pour reconnaître autant qu'il était en lui les bienfaits de son riche parent.

Philippe et Pierre s'aimaient, nous l'avons dit, mais ils étaient bien
différents l'un de l'autre : Philippe, fort, bouillant, brillant, hardi, franc
comme l'or, généreux, étourdi ; Pierre, maladif, bon aussi et brave à ses
heures, mais faible d'esprit et de corps.

Ils étaient beaux tous les deux. Il n'y avait entre eux qu'une année de
différence pour l'âge.

Quand Philippe eut vingt et un ans accomplis, il vint trouver son père
et lui dit :

— Papa, ma cousine Juliette me convient et je conviens à ma cousine
Juliette. Donnez-nous votre consentement, afin que nous soyons mari et
femme, si vous le voulez.

— Je le veux, garçon, répondit Penhoël. Feu madame la vicomtesse,
ma chère femme, ta mère, aimait Juliette comme sa fille. Il est bon qu'elle
voie de là-haut que je fais ici-bas comme elle eût fait, car elle disait bien
souvent : Les enfants se conviennent et ce sera un ménage.

Philippe tomba dans les bras de son père ; il ne se sentait pas de joie.
On parla tout aussitôt de la noce. Le pays entier se réjouit, depuis le plus
pauvre fermier jusqu'au plus riche gentilhomme, car Philippe, le hardi
jeune homme, et Juliette, la douce jeune fille, étaient aimés de tous.

Il n'y eut que Pierre, le cadet, à ne point se réjouir. Pierre s'enferma dans
sa chambre et se mit au lit, malade, pour mourir.

Tout le monde aussi aimait Pierre, car il n'avait aucune méchanceté
dans le cœur ; on appela les meilleurs médecins de Redon ; ceux de Vannes
et de Rennes furent mandés à grands frais. Ils vinrent tâter le pouls de
Pierre.

Il y en avait dix : il y eut dix avis, onze en comptant l'opinion générale, qui fut, pour chacun de ces honorables docteurs, que ses neuf confrères étaient des ânes.

Ils se dirent les uns aux autres quelques injures en latin, et le pauvre Pierre allait toujours se mourant.

Un soir qu'on avait renvoyé le dernier docteur, la famille entière était réunie dans la chambre du malade, et le vieux vicomte parlait de faire venir les demi-dieux de la Faculté de Paris, quand l'oncle en sabots dit tout bas, car il était timide :

— Monsieur mon cousin, les médecins n'y feront rien.

— Que dis-tu, Jean, mon homme ! s'écria Penhoël. Est-ce bien toi qui portes le mauvais augure dans ma maison ?

— A Dieu ne plaise, Penhoël ! je dis seulement que les médecins n'ont pas de drogues pour guérir le mal de chagrin.

Le vicomte, à ces mots, s'élança vers le lit de son fils.

— Est-ce vrai, cela, Pierre ? demanda-t-il, est-ce vrai ? Te laisses-tu mourir pour n'avoir pas confiance en ton vieux père ? As-tu envie de te marier, toi aussi ? Nomme celle qui te plaît. Fût-elle une princesse, tu l'auras ! Et tu l'auras, fût-elle une pauvre fille de basse-cour !

Deux larmes roulèrent sur la joue blême du malade. Il attira la tête de son père jusqu'à sa bouche et murmura dans son oreille :

— Je meurs pour celle qui ne peut être à moi.

— Elle est donc plus haut que les princesses ou plus bas que les servantes ?...

— Elle est la fiancée de mon frère Philippe, balbutia Pierre qui se renversa, privé de sentiment, sur son oreiller.

Ce fut une grande surprise et un deuil plus grand. L'oncle en sabots fut obligé de soutenir dans ses bras Penhoël qui chancelait.

Quelques instants après, Juliette et Philippe étaient seuls. Ils pleuraient. Philippe était le plus généreux des cœurs et le meilleur ami de son frère ; Juliette aimait Pierre comme si elle eût été sa sœur.

— Il faut qu'il vive ! avait dit Philippe.

— Il faut qu'il vive ! répéta Juliette qui sanglotait amèrement.

Ils tombèrent dans les bras l'un de l'autre ; leurs cœurs déchirés battaient à l'unisson.

— Juliette, reprit Philippe, ma mère vous appelait sa fille chérie. Voulez-vous être le salut du fils de ma mère ?

— J'en mourrai, mais je le veux, répondit la jeune fille.

— Moi, je vais partir et j'en mourrai, prononça Philippe d'une voix étouffée. J'emporte votre image dans mon cœur, Juliette ; le chagrin me tuera, c'est mon espérance.

Ils vinrent alors aux pieds du vieux Penhoël et lui dirent :

— Père, nous nous étions trompés, nous ne voulons plus nous marier ensemble.

Penhoël les pressa tous deux contre son cœur, car il avait compris.

Le lendemain, Pierre souriait sur son lit et déjà les couleurs revenaient à ses joues. Les préparatifs de noces se continuèrent : c'était lui désormais qui était le fiancé. Philippe partit quelques jours avant le mariage.

La première lettre qu'on reçut de lui était datée d'un port d'Amérique. Elle contenait donation pleine et entière de tous ses biens patrimoniaux à Pierre, à Juliette et à leurs enfants à venir. Philippe annonçait en outre qu'il ne reviendrait jamais en Bretagne. Du fond de l'âme, il souhaitait aux jeunes époux tout le bonheur qu'il avait perdu.

Georgette, chère enfant, il est des sacrifices que Dieu n'accepte pas, des héroïsmes qui dépassent les bornes du possible et qui portent malheur, parce qu'ils transgressent une loi. Demandez à votre bien-aimé père, qui sait le code des générosités et des délicatesses mieux que personne au monde, en quoi le dévouement de Philippe et de Juliette excéda ce qui est permis à l'homme. Il vous expliquera les sacrés mystères de la famille et vous dira comment il est défendu à l'héroïsme lui-même de toucher à cette arche de nos sociétés qui s'appelle le mariage.

On ne se marie pas par dévouement, Georgette. On peut tout donner, sa fortune, son sang, tout, excepté la famille qui est en germe dans le libre accord des fiançailles. Il la faut solide et non point boiteuse, cette base que la religion et la loi préparent pour y asseoir plus tard l'honneur et le bonheur des enfants.

Il y eut pour les noces de Pierre et de Juliette des réjouissances inouïes. Ce fut comme un camp autour du château qui ne pouvait, tout vaste qu'il était, donner abri à la dixième partie des invités. Le vieux Penhoël était triste cependant ; il regrettait l'absent. Juliette avait l'air d'une morte. Pierre était sombre ; il sentait bien qu'on lui avait fait une aumône exorbitante. Il était jaloux d'un souvenir.

C'était comme ces fruits de Judée qui mûrissent leur apparence trompeuse aux bords du lac Asphaltite. A l'extérieur ils sont colorés brillamment ; à l'intérieur ils ne renferment que des cendres. Ici, la joie bruyante des invités enveloppait un morne malheur.

Juliette était un pieux et noble cœur. Elle accepta son devoir, mais elle ne retrouva point son sourire.

Le vieux Penhoël s'en alla au cimetière l'année qui suivit le mariage. Il bénit ses enfants et mourut avec le nom de l'absent sur les lèvres.

Ce nom, Pierre l'entendait dans une sorte de remords. Il était bon et doux ; il se borna longtemps à souffrir, et la naissance d'une fille, cher ange au sourire céleste, amena pour quelques mois dans le ménage un semblant de félicité ; mais un jour que Pierre était penché sur le berceau de Blanche de Penhoël, il pâlit et dit :

— Elle est triste déjà ! tout le monde est malheureux ici !

A dater de ce moment, un nuage plus sombre tomba sur le manoir.

L'oncle en sabots s'était marié sur le tard avec une demoiselle noble et pauvre des environs. Il avait deux filles de sa femme qui était morte. Marie et Louise étaient comme les sourires de cette maison en deuil. Elles soignaient Blanche, qu'on nommait l'ange de Penhoël, et Juliette, la douce femme, n'avait pas d'autre joie, après les consolations de sa piété, que leur fidèle amour.

Pierre les chérissait aussi.

Elles jouaient auprès de lui bien souvent le rôle de David enfant charmant les angoisses de Saül. Sans elles, le désespoir et la mort seraient entrés dans cette maison, dont toute une contrée enviait la richesse.

Pierre Hoël, vicomte de Penhoël, avait en effet hérité, sans partage, du titre et des domaines de son père. La donation de Philippe était en due forme ; depuis qu'il l'avait envoyée, on n'avait plus reçu de ses nouvelles.

Bien des gens commençaient à dire que le chagrin l'avait tué, loin de son pays. Pierre était un des plus opulents propriétaires de Bretagne.

Des années se passèrent ainsi. Blanche grandissait, tour à tour idolâtrée et repoussée par son père.

Les deux filles de l'oncle en sabots devenaient les deux plus délicieuses enfants que l'on pût voir. Il y avait au château, non pas du bonheur, mais une sorte d'engourdissement qui ressemblait à du repos.

En Bretagne, on se défie des Parisiens comme on craint les Normands dans les comédies. Un beau jour, vers l'année 1840, on vit arriver dans la paroisse un étranger de grande mine, qui faisait sonner haut son gousset et qui parlait d'acheter tout ce qui n'était pas à vendre. Il était de la belle ville de Paris, et marquis, à ce qu'il disait. Son nom sonnait breton : il s'appelait M. de Pontalès.

C'était un homme d'âge moyen, possédant une langue bien pendue, de la gaieté, de l'entrain, toute l'apparence enfin d'un vivant de bonne sorte. Le pays lui plut, dès qu'il eut parcouru le domaine de Penhoël. Il loua un petit manoir aux environs, et déclara à qui voulut l'entendre, qu'il s'instituait le bienfaiteur de la commune.

Tout le monde, excepté l'oncle en sabots, trouva que M. de Pontalès était un marquis charmant.

Il existe dans presque toutes les paroisses, là-bas, une race de coquins qui prennent le titre d'hommes de loi. Le Breton aime les procès, presque autant que les bonnes gens de Vire ou de Saint-Lô. Les hommes de loi sont des avocats sans diplôme, des procureurs marrons qui font plus de mal à eux seuls que la fièvre de marais, la dysenterie et les sorciers guérisseurs.

Il y avait un homme de loi au bourg et cet homme de loi faisait les

Vers 1840, on vit arriver dans la paroisse un étranger de grande mine.

menues affaires de Penhoël. M. le marquis de Pontalès alla le trouver et lui dit de but en blanc :

— M. Le Hivain, vous avez la figure d'un homme qui jaunit d'envie de faire sa fortune.

M. Le Hivain en avait entendu bien d'autres en sa vie. Sa philosophie était de haïr tout le monde et de ne se formaliser contre personne.

Il fixa ses yeux louches sur M. le marquis, gratta ses oreilles longues et rouges, et ouvrit sa bouche édentée, en un sourire équivoque.

— Monsieur le marquis, répondit-il, me fait bien de l'honneur.

Pontalès lui frappa rondement sur l'épaule et lui mit vingt louis dans la main.

L'homme de loi fut sur le point de se mettre à quatre pattes pour saluer comme il faut un si magnifique seigneur.

— Qu'y a-t-il pour le service de monsieur le marquis ? demanda-t-il éperdu.

— Peu de chose, répliqua Pontalès. Je ne serais pas fâché d'acheter le domaine de Penhoël.

— Je ferai observer à monsieur le marquis que le domaine de Penhoël n'est pas à vendre.

— C'est égal, je ne serais pas fâché de l'acheter.

— Monsieur le marquis se fait-il une idée du prix ?

— Quelque douze cent mille francs peut-être.

— Au bas mot.

— Misère !

Pontalès prononça ce mot misère avec un tel dédain, que l'homme de loi joignit les mains comme on fait à l'église.

— M. le marquis possède les fonds nécessaires ? balbutia-t-il.

— Parbleu ! repartit Pontalès.

Le Hivain eut envie de lui baiser les orteils.

— Mon bon, reprit Pontalès, je ne serais pas éloigné de vous donner sur cette affaire-là trois ou quatre mille livres de rente.

— Ah ! monsieur le marquis ! s'écria Le Hivain transporté. Dites-moi seulement ce qu'il faut que je fasse !

Pontalès était précisément venu pour cela. L'entretien dura longtemps. M. Le Hivain et Pontalès se séparèrent contents l'un de l'autre. Il avait été convenu en principe que M. le marquis acquerrait la terre de Penhoël et que Le Hivain aurait une commission de soixante mille francs sur l'affaire.

C'était bien. Seulement, sur les douze cent mille francs, M. de Pontalès ne possédait qu'un millier d'écus, outre son titre de marquis, que nous ne saurions évaluer bien cher, puisqu'il l'avait cueilli en se promenant, au coin d'une haie.

Mais il avait de l'industrie et n'avait point de préjugés. Il était du bois dont on fait les conquérants.

Paris n'a pas été bâti en un jour. Il faut le temps pour mener à fin une semblable besogne. On travailla deux ans sourdement, imperceptiblement. Les mille écus suffirent, parce que M. le marquis de Pontalès avait amené dans le pays le goût du jeu et qu'il jouait avec un bonheur excellent.

Au bout de deux ans, M. Le Hivain avait embrouillé passablement la situation de Penhoël, qui s'était jeté dans des dépenses inaccoutumées pour suivre le courant, car on vivait bien mieux dans le pays depuis l'arrivée de M. de Pontalès. Penhoël fut gêné : comme il ne voulait point peser sur ses fermiers qui lui devaient beaucoup d'argent, il en emprunta.

La première hypothèque fut fêtée chez Le Hivain comme on célèbre l'apparition de la première dent dans la bouche d'un enfant bien-aimé !

L'argent prêté roula comme une avalanche. On avait de nouveaux besoins. Faut-il le dire ? Le désordre s'empare bien facilement de ceux qui ne savent pas être heureux dans leur maison. Penhoël n'était pas heureux. Il en voulait à Dieu. Juliette, sa femme, pauvre sainte créature, avait beau l'aimer et le lui prouver chaque jour, il y avait une ombre entre les deux époux : le souvenir du sacrifice.

On avait été trop généreux envers Penhoël.

Penhoël ne pouvait pardonner cela.

Pour se distraire des idées douloureuses qui l'obsédaient, Penhoël jouait, Penhoël se livrait aux plaisirs de la table. Grâce aux mœurs nouvelles apportées par le marquis parisien, il y avait maintenant, dans un rayon de trois lieues, une demi-douzaine de maisons où l'on se divertissait comme il faut. Nombre de bons gentilshommes dérangeaient leurs affaires pour se mettre à la mode et quelques dames écervelées suivaient le mouvement. M. de Larouelh de Voz de Kercravatalapoil disait que le canton était devenu un petit Paris, saquerdienne! et Mme de Larouelh, qui était née Le Pesquhennec de Treffichidou, s'en applaudissait en grasseyant comme un tombereau de macadam qu'on déchargerait sur un tambour.

Quand Penhoël rentrait au manoir, il trouvait Juliette bien triste. Juliette était triste à cause de la conduite de son mari, mais Penhoël attribuait le chagrin de Juliette à des regrets blessants pour lui. Essayait-elle de sourire? Il l'accusait d'hypocrisie.

Le moment vint où sa maison lui fit horreur parce que, sur chaque visage, il lisait un reproche mérité.

Deux autres années s'étaient écoulées, et, Dieu merci! les brèches faites à sa fortune allaient bientôt se boucher. Ce Pontalès était pour lui une providence, ni plus ni moins. D'abord, il avait eu l'obligeance d'acheter des pièces de terre du domaine pour mettre quelque argent comptant dans la poche de Penhoël. Cet argent, il le lui avait gagné au jeu, mais qu'importe? En second lieu, pour éviter des désagréments à son ami, il avait purgé les hypothèques et gardé le gage : en troisième lieu enfin, et voilà le principal, il avait mis Penhoël jusqu'au cou dans le commerce. Penhoël était armateur, Penhoël faisait des bénéfices énormes au long cours et au cabotage. Deux années encore, et Penhoël devait damer le pion à toutes les maisons du Hâvre et de Nantes.

Que Dieu vous garde des navires, à moins que vous n'ayez le pied marin! Voici ce qui arriva au bout de deux ans : Penhoël ne savait plus où donner la tête. Certes, un homme d'affaires honnête et habile aurait pu encore le tirer d'embarras, mais son homme d'affaires était Le Hivain, qui peu à peu était devenu un monsieur d'importance. Il avait acheté des prés, ce Le Hivain ; il se lavait les mains le dimanche et offrait du tabac aux fermières dans une boîte d'argent.

Au commencement de 1846, Penhoël était si bas, si bas, qu'on dut lui parler de vendre le château.

Jusqu'alors, il s'était laissé aller sans réfléchir ni regretter. Toute noble qualité a son envers : le désintéressement a souvent pour compagne l'insouciance. Penhoël était encore plus insouciant que désintéressé. Jamais la pensée ne lui était venue qu'on pourrait l'amener à vendre la maison de son père.

Il résista pour la première fois, et comme toute bonne action amène un bien, il se rapprocha un instant de ceux qui l'aimaient. La pauvre Juliette, l'oncle en sabots et ses deux filles ne connaissaient pas beaucoup les affaires, mais il est un instinct qui ne saurait tromper. Puisque Pontalès et Le Hivain le tourmentaient pour vendre, vendre était la ruine. Tel fut l'avis unanime du naïf conseil de famille.

Penhoël en fut tout réconforté. Il dîna ce jour-là chez lui et goûta un véritable plaisir à passer la soirée parmi ces bons cœurs qui l'accablaient de prévenances et de caresses.

Malheureusement, les deux loups rôdaient autour du manoir.

Pontalès et Le Hivain trouvèrent le moyen de rencontrer Penhoël le lendemain matin pendant son tour de chasse. Pontalès lui annonça une affaire d'or où l'on pouvait gagner un million avec cinquante mille francs.

Ce n'est pas à Paris seulement que ces merveilleuses spéculations courent les rues.

En même temps, il lui fit savoir que sous quelques jours on ferait un lansquenet à outrance chez M. Larouelh de Voz de Kéretcœterac, tiers de frère de M. de Kercravatalapoil. Des monceaux d'or sur le tapis, saquerdienne !

Penhoël voulut passer son chemin. Le Hivain alors attaqua, comme un corps de réserve. Il parla d'un acquéreur qui consentait à prendre le château à réméré.

Ceci, Georgette, n'est pas un mot grec ; c'est du latin de chicane. Réméré veut dire... Mais vous comprendrez mieux par un exemple.

Supposez, chère enfant, que votre poupée a éprouvé des pertes terribles, par suite des inondations ou autrement. Elle n'a plus que ses diamants.

On l'invite au bal ; elle ne veut pas se défaire de ses diamants qui viennent de sa mère, et pourtant elle veut aller au bal. C'est très facile. A Albi, comme partout, il y a une bonne âme qui prend vos diamants de mille louis et vous donne deux ou trois billets de mille francs, à charge de vous rendre votre parure si vous remboursez avant un mois. Hélas ! il arrive parfois qu'on rembourse, mais il arrive bien plus souvent encore que la bonne âme garde les diamants.

Changez les diamants en un immeuble ; à la place de votre poupée, mettez un propriétaire aux abois, et vous aurez le réméré, leurre infernal, trébuchet diabolique, inventé par les usuriers, en attendant qu'il soit possible de glisser les châteaux dans les tiroirs des prêteurs sur gages.

On croit toujours qu'il sera facile de payer ; on va même quelquefois, tant la détresse porte un épais bandeau, jusqu'à compter sur la miséricorde du chacal à deux pattes !

Penhoël fut ébloui par ce mot de réméré. Avec les bénéfices de l'affaire d'or proposée par Pontalès et ce qu'il devait gagner chez le cadet de Larouelh de Voz, il aurait de quoi racheter son manoir.

Il promit presque.

L'entrevue avait lieu au plus épais de la forêt, non loin du pertuis du Theil, petit lac entouré de rampes boisées dont les arbres penchent leurs branchages dans l'eau comme des chevelures. On dit au pays qu'il n'a point de fond et que ses bords sont taillés à pic comme des murs de citerne, dans le granit tout vif.

Penhoël et les deux tentateurs se séparèrent au bord du pertuis.

Dès que Penhoël fut parti, les deux coquins éclatèrent de rire et se parlèrent à cœur ouvert.

— Il est à nous ! s'écria Le Hivain.

— Cependant, objecta Pontalès, s'il parvient à rembourser...

L'homme de loi répondit :

— C'est moi qui ferai l'acte... et c'est moi qui le garderai.

A ce dernier mot il ajouta une grimace tout à fait significative.

Ils tressaillirent tous deux, parce qu'une voix sortit du fourré, disant :

— Vous ne ferez pas l'acte, M. Le Hivain, et vous ne le garderez pas. Mon oncle va enfin vous connaître !

Deux pas légers effleuraient la mousse du bois. A tout hasard Pontalès s'élança. Le Hivain était resté comme foudroyé. Pontalès entrevit bientôt sous bois deux robes qui flottaient : il reconnut Marie et Louise, les deux filles de l'oncle en sabots. Elles couraient comme des biches et jamais il n'eût pu les atteindre, si Louise, la cadette, n'avait heurté du pied contre une racine morte. Elle tomba. Marie s'arrêta pour la relever. Pontalès la saisit aux cheveux.

Ce n'était plus en ce moment le gentilhomme perverti, mais élégant, qui avait enseigné les vices dorés de Paris aux bons campagnards bretons. Les circonstances arrachaient tout à coup le masque de ce misérable.

Il se voyait découvert ; il lui fallait anéantir à tout prix les deux témoins qui allaient divulguer sa scélératesse.

Plus de ménagements. Les deux jeunes filles poussèrent un cri de terreur en voyant la hideuse férocité qui se peignait maintenant sur le visage de Pontalès.

Elles avaient fait le tour du pertuis pour gagner une route de chasse qui serpentait tout près de là. Louise était tombée à vingt pas du bord de l'eau. Pontalès siffla. On put entendre Le Hivain, froissant les branches dans sa course comme un sanglier. L'homme de loi était pâle d'épouvante, mais sur l'ordre muet du marquis, il se saisit de l'autre sœur.

Marie était déjà bâillonnée. Le foulard de l'homme de loi garrotta les lèvres de Louise.

Puis tous deux, Le Hivain et Pontalès, se consultèrent un instant du regard, parce que loin, bien loin sous bois, ils entendirent une voix qui chantait.

— Nous avons le temps, dit Pontalès.

Ce fut la sentence. Chacun d'eux saisit sa proie et l'eau du pertuis éclata deux fois sous la chute des deux pauvres corps d'enfants.

La voix qui chantait approchait.

— C'est Haligan le sabotier, murmura l'homme de loi, plus mort que vif.

— Il arrive trop tard, répondit le marquis.

Le Hivain voulait fuir, mais Pontalès l'arrêta. Celui-ci n'en devait pas être à son premier crime. Il avait le sang-froid de l'assassin endurci.

— Il faut savoir si elles ne reviendront pas sur l'eau, dit-il.

La surface bouillonnante du pertuis allait reprenant son niveau. Les deux pauvres fillettes ne revenaient pas. Haligan était tout près et chantait :

C'est au pays de Bretagne
Qu'on fait les jolis sabots;
Tenez vos petits pieds chauds.
Hallaï hallaô !
Ma belle brune.
Ceux qui creusent les sabots
N'ont pas fortune.

Il n'y avait plus une seule ride à la surface du petit lac. Pontalès dit en raillant :

— Nous avons fait deux Belles-de-nuit de plus, M. Le Hivain.

Le Hivain essaya de rire, mais ses dents claquaient.

Ils s'enfuirent tous deux, prenant au travers du fourré.

Haligan passa, chantant à pleine voix :

Les rochers y sont de pierre,
De pierre du haut en bas :
Le soleil ne les fond pas
Hallaï hallaô !
Non plus la lune.
Ceux qui tirent les gravats,
N'ont pas fortune...

Je suis vieux, mais je suis fort : essayez.

IV

LA MAISON GAILLOT

A l'heure où l'on mangeait *la trempée* à la ferme de Jean-Marie Dolet, une mince résine s'allumait dans une toute petite maison aux murs lézardés et ruinés qui semblait perdue dans les profondeurs solitaires de la forêt. Il n'y avait point de feu dans l'âtre, et nul mets n'attendait les convives sur la table vermoulue. Cette demeure présentait un aspect de misère et d'abandon qui navrait le cœur.

Trois personnes s'y trouvaient réunies : un homme jeune encore, portant un costume de *monsieur*, mais dont les vêtements étaient usés et souillés. Cet homme se tenait à l'écart, assis sur une escabelle.

Il avait la tête entre ses deux mains.

Auprès de la table, une femme très belle, dont la souffrance avait ravagé les traits, tenait dans ses bras une enfant de quatorze ans, jolie comme un ange, mais bien pâle et qui semblait souffrir.

C'étaient les anciens maîtres du château, Pierre Hoël, vicomte de Penhoël, Juliette sa femme, et Blanche leur fille.

Un morne silence régnait, qui fut rompu par la voix de l'enfant, disant :

— Mère, j'ai faim.

Un râle s'échappa de la poitrine du vicomte, tandis que deux grosses larmes roulaient sur la joue blême de Juliette.

De gros sabots sonnèrent sur le sentier pierreux. Le mari et la femme relevèrent la tête à la fois.

— C'est Jean de Penhoël ! dit Juliette d'une voix qui trahissait son espérance.

Et la petite Blanche ajouta :

— Je parie qu'il nous apporte du pain !

La porte s'ouvrit ; l'oncle en sabots montra sa belle et grande figure de vieillard, encadrée dans de longs cheveux blancs qui tombaient, à la bretonne, sur son vieil habit de gentilhomme breton.

— Bonsoir à tous, dit-il d'un accent triste. Que le bon Dieu soit avec vous !

Et il s'assit au bout du banc, car il semblait bien las.

— Oncle Jean, demanda Blanche, ne nous apportes-tu rien à manger ?

Les paupières du bonhomme battirent comme si elles eussent été piquées par des larmes intérieures.

— Rien, pauvre petit ange, répondit-il.

Puis, mettant son large chapeau entre ses jambes, il poursuivit :

— Vicomte, mon neveu, et vous, madame de Penhoël, ma nièce, j'ai fait ce que j'ai pu. Ce matin je me suis levé avant l'aube ; c'était la moisson : j'ai pris le chemin des champs. Je me suis offert dans les fermes où j'entrais, disant : Me voilà ; j'ai maintenant besoin de gagner ma vie, je suis vieux, mais je suis fort et j'ai bonne volonté. Je viens vous demander l'ouvrage que vous ne refusez à personne, pas même aux vagabonds qui viennent de France au temps de la récolte ; donnez-moi une faucille et vous verrez si je sais travailler !

Les uns ne m'ont pas répondu parce qu'ils sont des ingrats, les autres m'ont dit :

— Ecoutez-nous, l'oncle : nous ne faisons pas ce que nous voulons.

Pontalès est le maître. Il a répandu le bruit que vous l'aviez insulté en quittant le château. Il a fait défendre à tous ceux qui tiennent de lui ferme ou tenance de vous venir en aide.

Si Dieu m'avait laissé mes deux petites filles chéries, elles auraient été à Redon coudre et travailler, elles qui travaillaient comme des fées ! Mais Dieu me les a prises, vous le savez bien. On a retrouvé le fichu de Marie et la ceinture de Louise au bord du pertuis du Theil, qui n'a point de fond. Elles sont mortes, mortes toutes les deux, sans que leurs chers corps aient l'abri d'une tombe.

Puni soit le crime, si crime il y a !

J'ai serré mon mouchoir autour de mes reins et j'ai pris la route de Redon. A Redon, j'aurais voulu prendre tout le pain qui est dans les boutiques. Ce n'était pas pour moi : je n'ai plus faim, depuis qu'on manque ici.

J'ai faim pour vous.

Je ne sais faire qu'une chose : je sais me battre. J'ai cherché l'enseigne du maître d'escrime et je suis entré chez lui. J'ai dit : Me voilà, je suis un ancien soldat ; avez-vous besoin d'un prévôt de salle ?

Le maître m'a regardé en riant, et m'a répondu :

— Oui, bonhomme, j'ai justement besoin d'un prévôt.

— Alors, prenez-moi.

Il a ri plus fort, demandant :

— Est-ce qu'on savait déjà faire des armes, avant le déluge ?

— Je suis vieux, mais je suis fort, ai-je dit pour la seconde fois : essayez.

J'ai décroché un fleuret et je me suis mis en garde.

— Voilà du gothique ! s'est-il écrié en prenant un fleuret à son tour.

Et il a appelé tous ses élèves pour voir comme on bat un pauvre vieillard.

— L'ancien, m'a-t-il dit, si tu me touches une fois sur douze, je te fais prévôt de ma salle.

Nous n'avons tiré que sept coups, je l'ai marqué sept fois. Il m'a chassé tout en colère, disant que mon jeu n'est pas loyal.

En sortant de chez lui, j'ai rencontré le comte de Kerbris, qui venait passer autrefois chez nous six mois d'hiver et six mois d'été. Il est riche. Je lui ai dit : Bonjour à vous, comte de Kerbris ; je suis Jean de Penhoël, et je voudrais vous parler en particulier. Il m'a tourné le dos, et je l'ai entendu qui disait : J'ai mes pauvres...

Alors j'ai rabattu mon chapeau sur mes yeux, parce que je pleurais à chaudes larmes, et je suis revenu jusqu'au cimetière m'agenouiller au pied des deux petites croix. J'ai eu l'idée de voler, mais ma médaille de la Vierge a brûlé ma poitrine ; je n'ai à vous donner que mon sang et ma chair...

Il y eut un grand silence.

Puis un sanglot souleva la poitrine de la mère, qui voyait la tête de l'enfant s'incliner comme une fleur mourante.

Pierre de Penhoël gémissait.

— Marie ! Louise ! cria l'oncle en sabots, pris par une sorte de délire, secourez-nous si vous êtes maintenant les enfants de Dieu !

Un bruit léger se fit au dehors, qui tourna tous les yeux vers la porte.

Chacun, involontairement, songeait aux Belles-de-nuit secourables, qui apportent l'offrande *au plus pauvre.*

Ce fut comme deux nuages blancs qui passèrent dans la nuit, de l'autre côté du seuil. L'oncle en sabots poussa un cri et se précipita.

Les deux nuages blancs se perdaient déjà dans l'ombre des taillis voisins.

Sur le seuil, il y avait deux larges écuelles toutes pleines, avec deux beaux talons de pain.

Merci, pauvres Belles ! l'ange de Penhoël aura du pain. Belles-de-nuit, merci ! doux esprits que la bonté de Dieu laisse errer dans les pauvres sentiers de la Bretagne !

Parlez, enfants, je veux tout savoir, dit-il.

V

LA HUTTE

C'était bâti comme une ruche ; au centre, il y avait un foyer de copeaux dont la fumée s'en allait comme elle pouvait, par un trou percé dans le toit.

Des billots, des doloires, des paroirs et tous les outils de l'état de sabotier meublaient seuls la cabane. Dans un coin, deux tas de feuilles sèches servaient de lit.

Haligan, beau vieillard à la figure mâle et franche, rougissait au feu une paire de sabots neufs.

Un étranger était assis sur une escabelle. Auprès de lui, deux fillettes adorablement jolies se tenaient tout essoufflées, essuyant leurs beaux fronts couronnés de cheveux mouillés.

Car elles avaient couru, ce soir, à la brune, et la fatigue faisait battre encore leur cœur sous les plis blancs de leurs robes.

L'étranger se nommait Montalt ; il était de haute taille, et une fière intelligence brillait dans ses yeux.

— Parlez, enfants, je veux tout savoir, dit-il ; vous m'avez raconté la ruine de Penhoël. Pourquoi, vous qui semblez généreuses et bonnes, avez-vous abandonné Penhoël dans sa misère?

— Pour le secourir, répondit Marie, l'aînée et la plus belle des deux jeunes filles. Pontalès nous croit mortes, et c'est ce qui nous sauve. Nous nous cachons aux yeux de ceux-là mêmes que nous aimions le mieux. Roger lui-même croit que Louise n'est plus de ce monde.

— Roger? répéta Montalt; qui est-ce, Roger?

— Celui qui doit épouser Louise.

— Et vous, Marie, comment a nom celui qui doit vous épouser?

— Personne ne doit m'épouser, répondit la jeune fille en rougissant. Je sais la belle histoire de mon oncle Philippe. Je ne veux pas me marier.

— Pourquoi?

— Parce que, repartit Haligan, c'est elle qui dit cela, jamais elle ne trouvera un fiancé si grand, si noble ni si généreux que son oncle Philippe.

— Est-ce vrai? dit l'étranger qui souriait.

— C'est vrai, fit Marie.

— Mais comment êtes-vous mortes? demanda encore l'étranger.

— Assassinées, répondit Marie. Nous ne pouvions pas vivre, puisque nous avions surpris le secret de Pontalès.

Elle raconta la scène du pertuis du Theil. Les deux scélérats, nous le savons, s'étaient enfuis à la voix d'Haligan. Comme celui-ci passait son chemin en chantant le troisième couplet de sa chanson, il entendit un cri faible qui semblait sortir du fond de l'eau. Il regarda et ne vit rien; mais le cri se répéta, et son nom prononcé le força de pousser plus avant ses recherches.

Nous avons dit que le pertuis du Theil était entouré de tous côtés par les arbres de la forêt. Les branches tombaient jusque dans l'étang, dont les rives se cachaient sous la voûte circulaire fermée par le feuillage. Tout corps humain qu'on jette à l'eau doit revenir à la surface, ne fût-ce que pour un instant : c'est la loi physique. Marie et Louise étaient revenues, mais au lieu de remonter à l'endroit où elles avaient disparu, l'élan de leur chute les avait poussées jusque sous les branches. De sa main mourante, Marie avait saisi un rameau, tandis que son autre main tenait la robe de Louise évanouie.

Ce fut ainsi que le brave sabotier les trouva.

Haligan détestait Pontalès autant qu'il aimait Penhoël. Il recueillit les deux sœurs dans sa hutte, et grâce à lui elles purent jouer ce rôle de Belles-de-nuit, qui les mettait à même de secourir la famille abandonnée.

Mais le crime avait cependant profité aux assassins dans une certaine mesure.

Marie et Louise étaient restées, en effet, malades pendant plusieurs jours et n'avaient pu avertir Penhoël, dont la ruine s'était consommée.

Il avait perdu son dernier louis au lansquenet du cadet de la Rouelh de Voz de Keretcœterac.

Le dernier louis provenait de la vente de son château.

— Je ne sais pas encore, ajouta cette belle petite Marie quand elle eut achevé son récit, je ne sais pas encore pourquoi vous vous intéressez à notre famille. Vous êtes un inconnu pour nous, mais dès le premier instant je me suis confiée à vous comme à mon père... mieux que cela, comme je me serais confiée à mon bien-aimé oncle Philippe de Penhoël. J'ai lu la générosité de votre cœur dans vos yeux. Hâtez-vous, je vous en prie, si vous voulez nous sauver, car le terme du réméré expire demain...

— Demain ! répéta Montalt, qui rêvait.

Puis il ajouta, donnant une autre expression à son sourire :

— Il y a loin jusqu'à demain.

— Avez-vous assez d'argent pour que Penhoël puisse racheter son château ? demanda Louise.

— Ce n'est pas de l'argent qu'il nous faut, répondit Montalt. Les misérables ont eu assez d'argent de Penhoël; cependant je voudrais avoir l'acte de vente...

— Il est chez M. Le Hivain ! s'écrièrent à la fois les deux sœurs.

Haligan avait fini de dorer ses sabots neufs. Il dit :

— Si vous voulez, je vas prendre ma hache et aller vous chercher ça.

Montalt secoua la tête.

— C'est du travail pour nos Belles-de-nuit! répliqua-t-il en regardant les deux enfants, qui répondirent :

— Nous sommes prêtes.

Avant de les laisser partir, Montalt demanda :

— Les meubles de famille des vieux Penhoël sont-ils restés au château ?

— Tous les meubles, répliqua Marie. Pontalès a tout gardé.

— Vous êtes sûre que le secrétaire de feu le vicomte, père de Philippe et de Pierre, est toujours à sa place ?

— J'en suis sûre.

— Allez donc, rapportez-moi l'acte de vente et nous commencerons la bataille.

Haligan.

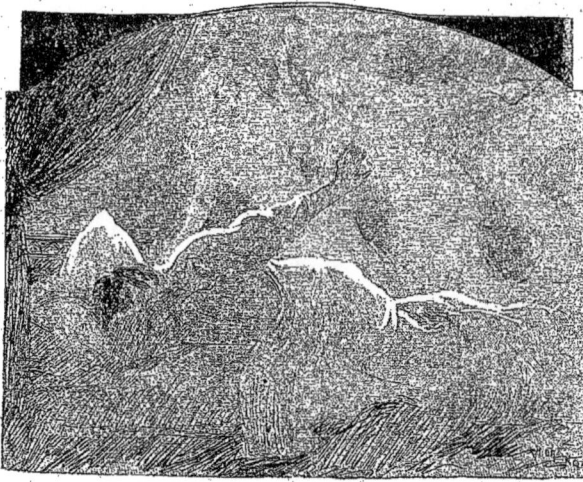

Belle-de-nuit ! Belle-de-nuit ! répondit le cauchemar.

VI

LE CAUCHEMAR

M. Le Hivain avait maintenant une maison fort proprette au bourg. Le foin emplissait tout doucement ses bottes, et l'idée lui venait de prendre femme.

En attendant, il vivait seul et mangeait presque tous les jours au château, car Pontalès et lui devenaient une paire d'amis de plus en plus inséparables.

Ce soir, il rentra chez lui vers dix heures, après avoir excellemment soupé. Pontalès avait un cuisinier de Paris qui aurait rendu l'appétit à un mort, et la vieille cave de Penhoël était loin d'avoir vidé tous ses flacons. Nos deux coquins se donnaient du bon temps à cœur joie.

En traversant le bourg, M. Le Hivain allait de-ci de-là, chantant la *Mère Godichon*, ou autre bucolique analogue, comme un homme de loi qui a la conscience pleine de médoc et de gibier. Il s'amusait à voir deux coqs sur le clocher, deux lunes au ciel et trente-six chandelles au bout de son nez.

Sa maison était proche : l'habitude fit qu'il ne se trompa point de porte.

Il eut seulement un peu de peine à fourrer sa clé dans la serrure ; mais
patience ! comme il allait ronfler tout à l'heure entre les bons draps de
son lit !

Était-ce la berlue ? Il crut apercevoir deux ombres blanches dans les
ténèbres de la cour, et s'écria :

— Qui vive ! Si vous êtes des Belles-de-nuit, passez au large, vagabondes.

Ce n'est pas M. Le Hivain qui mettait des écuellées de soupe à sa porte
pour les passants.

Depuis que l'âge de raison lui était venu, il n'avait jamais donné un sou
vaillant à un pauvre.

Mais il n'y a pas de Belles-de-nuit ! ce sont des superstitions et des men-
teries ! Les philosophes ne croient point à cela.

Maître Le Hivain se coucha en chantant sur l'air de *Si je meurs, que l'on
m'enterre dans la cave où est le vin* :

> C'est demain matin qu'expire
> Le terme du réméré...

— Ou demain soir, se reprit-il. Enfin, n'importe ! Par conséquent, c'est
demain que mon ami Pontalès me constitue une rente annuelle de quatre
mille francs. Ce n'est pas payé ! je tâcherai d'en avoir cinq... Si j'en de-
mandais six... non, sept... Ah ça ! il peut bien m'en donner huit... et neuf
aussi... Pourquoi pas dix ?...

Quand le sommeil vint, il avait trente mille livres de rentes, garanties
par première hypothèque, et la paix du cœur.

Il s'endormit comme un juste. Défiez-vous des proverbes, Georgette :
Les justes ne ronflent pas de moitié si fort que les coquins.

A quoi rêvait-il ? A son mariage. Il y avait une demoiselle d'âge mûr,
roussotte, louchonne, bancale et bossue, mais aimable personne au demeurant, qui avait les doigts crochus comme un grappin et qu'il comptait
prendre pour ménagère. Il voyait la dot...

Ah ! le joli rêve !

Mais voilà que tout à coup le rêve se fait cauchemar. Le gibier joue de ces tours quand on en prend plus que l'ordonnance ne le comporte, et M. Le Hivain en avait pris pour trois hommes de loi : juste la pitance de six loups !

La roussotte était bien là, dans le rêve ; mais au lieu de poser sa dot sur la table, raisonnablement, elle l'avait mise, en gros sous, sur la maigre poitrine de M. Le Hivain et l'étouffait de tout son cœur.

Voyons, roussotte, laissez respirer votre fiancé !

Du tout ! La roussotte était en veine d'espiègleries. Outre sa dot, elle avait apporté ses dix doigts crochus qui saisirent le malheureux à la gorge et l'étranglèrent gaiement.

— Roussotte ! roussotte ! pas de mauvaise plaisanterie !

M. Le Hivain ouvrit les yeux et faillit mourir de peur. Il y avait bien quelqu'un sur sa poitrine haletante, mais ce n'était ni la roussotte, ni sa dot ; c'était une des deux mortes du pertuis du Theil, c'était Marie de Penhoël, l'aînée des deux filles de l'oncle en sabots.

Il essaya de faire le signe de la croix, car tous les damnés ont recours à Dieu quand ils tremblent ; mais ses mains étaient prises sous sa couverture.

— Qui êtes-vous ? balbutia-t-il.

— Belle-de-nuit, Belle-de-nuit, répondit le cauchemar.

Et une autre voix répéta dans l'ombre, au milieu de la chambre :

— Belle-de-nuit ! Belle-de-nuit !

La sueur froide perça sous le bonnet de coton de l'homme de loi.

— Et que voulez-vous, au nom de mon saint patron ?

— Ton âme, ton âme, que ton saint patron a abandonnée.

L'écho invisible ajouta :

— Abandonnée, ton âme, ton âme !

— Qu'en voulez-vous faire, de mon âme ?

— L'emporter. L'emporter bien loin, bien bas.

L'écho :

— Bien bas, bien loin, l'emporter, l'emporter.

— Où ça, l'emporter ?

— En enfer.

L'écho :

— En enfer.

Et ensemble, la voix et l'écho :

— Ton âme ! ton âme ! en enfer ! en enfer !

M. Le Hivain n'avait pas un fil sec sur le corps. La sueur ruisselait sur ses vilaines joues et sa langue sortait longue comme celle d'un chien essoufflé.

— Pitié ! pardon ! s'écria-t-il, mes bons lutins, chères demoiselles ! Laissez-moi au moins le temps de me repentir.

— On achète le temps, dit la voix, c'est cher.

— Le temps s'achète, répéta l'écho, cher, très cher !

— Je suis un pauvre homme et je n'ai pas d'argent.

— Achète ! achète ! achète !

— Ou bien meurs, meurs, meurs !

Il avait toujours la poitrine écrasée, les mains prisonnières et la gorge étranglée.

— Faites votre prix ! s'écria-t-il du fond de son angoisse. Combien demandez-vous ?

— Donnez-nous l'acte de vente à réméré.

— Je ne l'ai pas, parole d'honneur !

— C'est l'honneur que tu n'a pas.

— Ni parole.

— Ni parole, ni parole !

— Ni honneur, ni honneur !

Un double ricanement grinça dans la chambre et perça les oreilles du malheureux comme un bruit de scie.

Il avait effroyablement peur. Mais s'il livrait l'acte, où allaient ses rentes ?

Le cauchemar pesa plus lourd et serra plus fort.

— Grâce ! grâce ! cria-t-il.

— As-tu fait grâce au bord du pertuis ? lui fut-il répondu.

— Nous étions deux, pourquoi suis-je seul puni ?

— Patience ! patience ! patience !

Il sentit que la respiration lui manquait.

— Dans le bahut qui est auprès de la porte, dit-il enfin, sous mes chemises sales. Coquines ! vous ruinez un honnête homme !

L'écho ouvrit le bahut et prit l'acte de vente en disant :

— Le voilà, le voilà, le voilà !

Le cauchemar lâcha la gorge de M. Le Hivain et lui distribua trois paires de beaux soufflets à tour de bras.

— Merci, merci, merci !

En disparaissant comme des ombres par la fenêtre ouverte, les deux Belles-de-nuit murmurèrent ensemble :

— Au revoir, au revoir, au revoir !

Les deux Belles-de-nuit.

Voici sa carte, ajouta le valet. Ça a l'air d'un monsieur.

VII

L'AVENTURIER

Au moment où onze heures de nuit sonnaient à l'horloge du château, les habitants de la ferme furent éveillés en sursaut par la voix de la vieille mère qui criait :

— Voici la volonté de Dieu qui passe !

Elle était assise sur son séant dans son lit, et ses yeux fixes regardaient du côté de la cour, où la nuit était noire entre la ferme et le château.

Le chien Turc hurlait à sa chaîne et se démenait comme un fou.

— Qu'avez-vous donc, not'mère ? Et pourquoi éveillez-vous les travailleurs du jour qui ont besoin de reposer la nuit ? demanda Jacqueline la ménagère, avec humeur.

— Ai-je parlé ? murmura la bonne femme dont les yeux se baissèrent. Je rêvais de celui qui est absent par malheur, et qui n'aurait pas laissé choir le nom de Penhoël.

Elle se tut.

Mais Turc, le grand vieux chien, ne se taisait pas et ses hurlements semblaient être un chant de victoire.

Les gars s'éveillaient l'un après l'autre.

— C'est drôle, ça ! dit Joson.

— Pour drôle, c'est drôle ! appuya José.

— Drôle tout de même, faut pas mentir ! conclut Josille.

Jean-Marie Dolet ôta la barre de la porte pour voir ce qui se passait dans la cour. Il n'y avait plus rien dans la cour, mais des lumières couraient au premier étage du château, habité maintenant par M. de Pontalès.

Pontalès avait coutume de se coucher tard. Il restait seul jusqu'aux environs de minuit, entre sa pipe et sa bouteille. Son valet était en train de lui annoncer qu'un étranger demandait à le voir.

— Un étranger ! s'écria le marquis. A cette heure !

— Voici sa carte, ajouta le valet. Ça a l'air d'un monsieur.

Pontalès prit la carte et lut :

« P.-P. Montalt, de la Nouvelle-Orléans. »

Ses sourcils se froncèrent violemment, mais il dit :

— Faites entrer !

Montalt s'introduisit en saluant fort poliment, mais au milieu de sa révérence son visage changea, sa haute taille se redressa et il dit :

— Ce n'est pas à monsieur le marquis de Pontalès que j'ai l'honneur de parler !

— Si fait ! répliqua sèchement le maître du château.

Montalt remit son chapeau sur sa tête et ajouta d'un ton froid :

— J'ai meilleure mémoire que vous ne croyez, M. Charles Boulanger. Pourquoi ce nom de Pontalès et ce titre de marquis ? Voilà une singulière rencontre, et ce n'était pas vous que je cherchais.

Il s'assit en disant cela et indiqua un siège de la main, comme si, les rôles se trouvant intervertis, Pontalès eût été le visiteur.

Celui-ci resta debout. Il avait peine à cacher son trouble.

— Faites comme moi, croyez-moi, reprit Montalt. L'entretien peut être long : à quoi bon se fatiguer ?

— L'entretien ne sera pas long, monsieur, répliqua Pontalès, qui reprenait son sang-froid. Nous ne sommes pas ici à la Nouvelle-Orléans, où votre qualité de légiste vous faisait tout-puissant. Ici, les avocats sont de bien petits seigneurs. Je vous dis très franchement, mon cher monsieur Montalt, que votre présence ne m'est pas agréable, et que j'ai hâte de vous voir hors de chez moi.

Montalt croisa ses jambes l'une sur l'autre.

— Êtes-vous bien sûr d'être chez vous ? demanda-t-il.

— Jusqu'à ce que M. le vicomte de Penhoël m'ait racheté son château... commença le marquis.

— Je viens précisément vous racheter le château de M. de Penhoël.

Le marquis pâlit, mais ne perdit point son sourire.

— Vous êtes chargé des affaires de M. de Penhoël ? interrogea-t-il. C'est assez votre métier.

— Oui, monsieur Charles Boulanger, c'est mon métier, et je suis chargé des affaires de M. de Penhoël.

— Vous avez l'acte de vente ?

— Qu'importe cela ? Nous consulterons votre double...

— Il importe beaucoup, cher monsieur, interrompit Pontalès triomphant. Je puis avoir perdu mon acte.

— Alors, rien de fait, dit Montalt, toujours bardé de sang-froid américain.

— Permettez ! la clause du réméré seule est sous seing privé. La vente, la vraie vente, sans délai ni condition, a été conclue par-devant notaire, et la minute en est à l'abri !

Montalt sourit à son tour.

— Nous avons l'acte, monsieur Charles Boulanger, dit-il.

Pontalès ne put retenir un vif mouvement de surprise.

— Et l'argent ? balbutia-t-il.

— Nous avons aussi l'argent.

Comme si cette déclaration inattendue l'eût mis en déroute, Pontalès
tourna le dos et se prit à parcourir la chambre à grands pas.

— Quand vous serez las, fit Montalt, imperturbable, je vous inviterai de
nouveau à vous asseoir.

Pontalès revint brusquement sur lui. Le temps de sa promenade n'avait
pas été perdu, il tenait un pistolet armé dans chaque main.

Montalt, lui, n'en avait qu'un, mais c'était un revolver sud-américain du
plus beau modèle, et qui pouvait tirer six coups en trois secondes.

Les deux adversaires se regardèrent un instant en face, puis Montalt dit
pour la troisième fois :

— Monsieur Charles Boulanger, je vous engage à vous asseoir.

Le marquis obéit.

— Voyons, dit-il, quelle est cette comédie ? Vous savez bien que je suis
le marquis de Pontalès.

— Je sais que vous avez été condamné pour faux à la Nouvelle-Orléans
sous le nom de Charles Boulanger. C'est moi qui plaidais votre cause, et
vous disiez en ce temps-là que vous me deviez la vie. La cour du district se
contenta en effet de vous déshonorer ; j'ai l'arrêt dans ma valise. Je ne vous
connais que sous le nom de Charles Boulanger.

— Et que voulez-vous de moi ?

— Que vous quittiez le château de Penhoël à l'instant même.

— Demain nous reparlerons de cela.

— Demain vous serez loin, soit que vous voyagiez dans votre chaise de
poste, soit que vous alliez entre deux gendarmes : ceci est à votre choix.

Il y eut un silence après lequel Pontalès, rassemblant tout son courage,
reprit d'une voix plus assurée :

— Monsieur, nous n'avons pas ici les mœurs de votre pays. En France,
on ne parle pas ainsi à un homme dans sa propre maison.

— Je vous ai demandé déjà, répliqua Montalt, si cette maison était à
vous.

— Elle serait en tout cas à Penhoël, mon vendeur...

— Je vous demande maintenant, interrompit Montalt, si vous êtes bien sûr que cette maison soit à Penhoël, votre vendeur.

— L'évidence... commença le marquis.

— Nous sommes des hommes d'affaires tous les deux. L'évidence n'est qu'un mot. Il faut des preuves devant la justice.

— Le meilleur titre est la loi d'hérédité, ce me semble. Contestez-vous que Pierre de Penhoël soit le fils de son père ?

— Je ne conteste rien. Je suis en train de vous apprendre des faits que vous paraissez ignorer, voilà tout... Je vous prie d'avoir la bonté d'ouvrir ce meuble.

Il montrait du doigt un secrétaire antique, placé à la tête du lit de Pontalès.

Celui-ci haussa les épaules et ouvrit le secrétaire.

— Vous avez choisi par hasard, poursuivit Montalt, la chambre où couchait feu le vieux vicomte de Penhoël. C'est dans ce meuble qu'il serrait ses papiers de famille. Veuillez ouvrir le quatrième tiroir à gauche... celui-là précisément que vous tenez... ouvrez-le tout grand... Forcez encore : il faut qu'il sorte tout à fait.

Le tiroir sortit sous l'effort de Pontalès.

— Ne voyez-vous pas un bouton d'argent à l'intérieur de la rainure ? demanda Montalt qui gardait sa tranquillité parfaite.

— Si fait, répondit Pontalès.

— Veuillez peser, s'il vous plaît, sur ce bouton d'argent.

Le marquis obéit, car il flairait un mystère, et la curiosité le prenait. Ces vieux meubles ont souvent des cachettes. Il se repentit seulement de n'avoir pas songé plus tôt à sonder le secrétaire.

Aussitôt qu'il eut pesé sur le bouton d'argent, le plein qui séparait les deux tiroirs voisins vint à lui comme une allonge de table qu'on retire. Ce plein était lui-même un tiroir plat qui contenait un seul papier, au dos duquel était écrit : « Le double de ce testament est entre les mains de mon fils aîné, le vicomte Philippe Hoël de Penhoël. »

— Oh ! oh !. fit Pontalès, qui essayait de garder un ton dégagé, serions-nous déshérités, par hasard ?

— Je vous permets, dit Montalt avec gravité, de prendre connaissance de ce document.

Le marquis déplia le papier. Pendant qu'il lisait, Montalt poursuivit paisiblement :

— Jadis, mon pauvre monsieur Charles Boulanger, les gens de ma sorte qui ont bon pied, bon œil, et qui ne reculent devant rien, sauf devant Dieu, prenaient la peine de combattre les gentilshommes de votre espèce par le fer et par le feu. Les temps sont bien changés. La plume a remplacé l'épée. Ce sont les avocats qui sont des chevaliers errants. On n'abat plus les traîtres et les félons à grands coups de lance, on les fourre en prison, quand ils n'ont pas fait assez pour aller au bagne, et tout est dit.

Il y aurait peut-être bien des choses à objecter, surtout au point de vue politique, contre ce pompeux éloge des avocats ; mais ce Montalt venait d'Amérique, où tous les avocats sont peut-être des paladins.

— Ceci me paraît être un testament en bonne forme, répliqua Pontalès, qui avait lu l'acte rapidement et reconquis une portion de son sang-froid, un testament en faveur de Philippe, aîné de Penhoël, et ne nous laissant que notre strict légitime ; mais je suis avocat comme vous, mon cher confrère, les chevaliers félons font leur droit maintenant tout aussi bien que les autres, et je vous ferai observer que ce précieux testament est infirmé par certaine renonciation, signée par l'aîné de Penhoël.

— Je l'ai dans ma poche, dit Montalt. M. Le Hivain a eu la bonté de me la confier avec la contre-lettre de réméré.

Pontalès étouffa un blasphème.

— On a dû employer la violence, gronda-t-il, pour se procurer ces pièces.

— Fi donc !. quand il est si facile d'user de ruse !

— En tout cas, ce Philippe de Penhoël a disparu, il doit être mort.

— Non pas ! Vous avez eu l'honneur, monsieur le marquis de Pontalès, de vous trouver deux fois en face de lui, bien vivant.

— Où donc ?

— La première fois à New-Orléans, où il a empêché un certain M. Charles Boulanger d'être pendu.

— Vous seriez ?... s'écria le marquis désarçonné.

— Parfaitement, interrompit Montalt presque gaiement : et la seconde fois, ici, au château de son père, d'où ce même Philippe de Penhoël vous engage à déguerpir sur-le-champ, pour aller vous faire pendre ailleurs !

— Mais les sommes que j'ai payées ? dit le Parisien, sans opposer désormais de résistance.

— L'argent est une arme, répliqua Montalt, dont le doigt tendu lui montrait la porte. Je ne veux pas vous laisser d'armes. Il sera fait compte du peu qui vous est réellement dû, et somme égale sera déposée entre les mains de monseigneur l'évêque de Vannes, pour ses pauvres. Vous pourrez surveiller l'accomplissement de cette promesse... Maintenant, monsieur Charles Boulanger, il se fait tard, et il faut que M. et Mme de Penhoël couchent dans leurs lits cette nuit. Je le veux. Déménagez sans tambour ni trompette et, croyez-moi, ne vous trouvez pas une troisième fois sur mon chemin. Ce serait dangereux pour vous... Je suis votre humble serviteur.

Jean-Marie Dolet.

Le grand vieux carrosse s'ébranla.

VIII

LA FÊTE DE PENHOËL

Il paraîtrait, ma belle petite Georgette, que M. le marquis de Pontalès, ou M. Charles Boulanger, comme vous voudrez l'appeler, avait des motifs sérieux pour ne point prolonger la discussion, car il décampa sans demander son reste.

En passant par le bourg, il entra chez M. Le Hivain, qui s'était endormi et rêvait peut-être encore de la dot de la roussotte. Il se donna la consolation de le battre comme plâtre. Plaignons tous les deux M. Le Hivain, qui était un laid coquin et qui n'eut que cette volée de coups de bâton, payés comptant, à la place de ses trois mille livres de rente.

L'Amérique est un drôle de pays, j'entends les États-Unis, cette République toute jeune qui s'en va déjà mourant de vieillesse et qui a failli, voilà dix ou quinze ans, tomber en dissolution comme un vivant cadavre.

Il y a pourtant là-bas, dit-on, de bien bonnes choses. On prêche à coups de couteaux dans cette contrée énergique et neuve ; l'éloquence du barreau et de la tribune s'y appuie sur cet engin tout américain que notre

France enrage de n'avoir pas inventé : le pistolet-revolver. Il suit de là que pour exercer la profession d'avocat aux États-Unis, il faut être non seulement un homme de parole, mais aussi un homme d'action.

Ceci était vrai surtout au temps dont nous parlons, dans les États à esclaves où les mœurs tout à fait originales se panachaient de brutalités républicaines et de fantaisies qu'on aurait cru empruntées au despotisme oriental. Entre tous ces États, la Nouvelle-Orléans, où les vieilles civilisations espagnole et française font désormais habit d'Arlequin avec les prétendues austérités de la conquête libérale (qui eut lieu par les dollars bien plus que par le canon), entre tous ces États, dis-je, la Nouvelle-Orléans est celui qui offre la physionomie la plus étrange et la plus bigarrée.

Riche comme Babylone, mais pestiférée la moitié de l'an, la capitale du Sud, baignée dans les flots savonneux du géant Mississipi, donne aux étrangers qui la visitent l'opulence ou la mort.

Elle est toujours pleine d'aventuriers, comme au temps où la Louisiane mettait tant d'or dans la rue Quincampoix. Les uns y font fortune en quelques mois, les autres y meurent en quelques jours, d'autres enfin y succombent à ces attaques d'apoplexie foudroyante que détermine la corde balancée aux poutres du gibet.

Maladie anglaise.

Philippe de Penhoël, en quittant la France après avoir sacrifié son bonheur, n'avait rien dans l'âme, sinon une immense douleur.

Son espérance en ce monde était morte. Il cherchait, non pas une patrie, mais une tombe.

Et sans la solide foi que sa mère bretonne lui avait léguée, il eût obéi aux mauvais conseils du désespoir.

C'était alors un enfant hardi, noble, un peu sauvage. Il ne se serait pas fait avocat à Paris, pour plaider en robe noire devant des juges qui ont le droit de dire à l'éloquence même : Tu n'iras pas plus loin. Il se fit avocat à la Nouvelle-Orléans, parce que le barreau, là-bas, est un champ de bataille et qu'il était né batailleur.

Il acquit en peu de temps une fortune double et triple de celle qu'il avait laissée en France.

Charles Boulanger, lui, aurait fait fortune aussi, sans la corde qui se noua un matin autour de son cou. Philippe, qui avait changé de nom en quittant son pays, eut pitié de ce pauvre flibustier parisien qu'il jugeait plus imprudent encore que coupable, plaida pour lui et le sauva.

En aucune contrée les avocats ne sont responsables des méfaits qu'ils commettent en sauvant ainsi les coquins.

C'est comme cela que Montalt et M. le marquis de Pontalès avaient fait connaissance.

Il est une cruelle et chère souffrance, dont le nom seul attendrit le cœur comme l'écho lointain des chants de la patrie : le mal du pays, Georgette, que je vous conjure à genoux de n'appeler jamais nostalgie. Le pédantisme est l'art de créer des mots ridicules qui donnent goût de moisissure à la poésie même.

Philippe de Penhoël eut un jour le mal du pays. Il voulut revoir les grands chênes et les grands sapins, lui qui avait sous ses fenêtres le plumage végétal des tamarix, les grappes étoilées des catalpas et la fleur colossale du magnolier aux feuilles de cire. On meurt quand on ne cède pas à cette fièvre bénie ; Philippe partit.

Il était resté seul. Son cœur avait gardé intacts les souvenirs de ses tendresses d'enfant.

Il traversa de nouveau la mer. Il vint à Penhoël.

Que voulait-il ?

Rien.

Voir cet humble lac qui étend ses eaux tranquilles au-devant des colli nes de Saint-Vincent, courir un jour dans la forêt du Theil, s'agenouiller sur les dalles fendillées de la petite église paroissiale, appuyer ses mains jointes contre la balustrade où s'était faite sa première communion, s'as seoir peut-être au foyer du vieil ami paysan, baiser le seuil de la maison des aïeux et, peut-être encore, regarder de loin la blonde enfant qui devait avoir les traits de Juliette.

Il s'était bien promis de ne se point montrer, car il connaissait son frère et devinait ses ombrageuses faiblesses.

Nous savons ce qu'il avait trouvé au retour : l'étranger au château, son frère, Juliette et leur fille dans la misérable cabane où l'on n'avait point de pain.

Marie et Louise, nos deux Belles-de-nuit, lui avaient conté l'histoire lamentable de ces dernières années.

Il avait dans son portefeuille de quoi racheter deux fois le domaine de Penhoël ; mais il nous l'a dit lui-même : il était avocat, ce chevalier errant.

Il venait d'Amérique. Il se battit avec les armes dont il avait l'usage.

Ses pères auraient agi différemment : autres temps, autres mœurs. Plût à Dieu que nos armes modernes fussent toujours dans des mains aussi loyales !

Mais du moins était-il Français encore par la pétulance de sa bonté et gentilhomme par ses généreuses délicatesses.

En un clin d'œil, tout le château fut mis sur pied.

A minuit qu'il était, le cocher dut atteler quatre chevaux au vieux carrosse de famille. Les domestiques eurent ordre d'allumer les torches. Les gens de la ferme, éveillés par des cris de joie, reçurent mission de rassembler les tenanciers. La vieille mère Marthe prit son bâton et sortit de la ferme pour la première fois depuis quinze ans.

Il fallut voir Joson, José et Josille bondir pieds nus par les chemins rocheux !

— Au lard ! au lard ! gens de la paroisse ! à la grande fête, les gars et les filles ! Jésus ! Marie ! Joseph ! Tous les saints ! nos messieurs sont revenus ! Le Parisien est parti, fini !

Je ne sais pas qui pesa sur la corde, mais la cloche de l'église carillonna à toute volée comme pour la messe de Noël.

— Au lard ! au lard ! debout, tertous et tertoutes ! c'est la grande fête au château de Penhoël! Le Parisien est dehors et les messieurs arrivent.

Sur la lande et dans les coulées, sous les hauts châtaigniers qui bordent le marais et le long de la grande route, on vit des lanternes marcher.

Les chiens aboyèrent à trois lieues à la ronde. Les chevreuils eurent peur sous bois.

Et les Belles-de-nuit errantes, qui n'aiment ni le bruit ni la foule, montèrent au-dessus des feuillées pour regarder passer toutes ces joies de leur balcon du ciel.

Il y en eut deux pourtant qui ne se cachèrent point, car l'oncle en sabots pleurait en les pressant contre son cœur. Oh! qu'il était heureux, le pauvre vieux père!

— Marie! Louise! enfants bénies! C'était donc vous qui apportiez la manne aux pauvres abandonnés!

Le vicomte Pierre de Penhoël croyait rêver. C'était demain la ruine pour lui, la ruine complète! la ruine certaine!

C'était demain que le château passait aux mains des spoliateurs!

Que dis-je, demain? minuit avait sonné. C'était aujourd'hui, aujourd'hui même!

Et voilà que la première heure de cette journée terrible commençait comme un songe d'allégresse.

— Levez-vous, notre maître! venez, notre bonne dame! et vous, notre chère petite demoiselle! Venez chez vous! venez! venez!

Le carrosse était à la porte de la maison Gaillot, le carrosse attelé de quatre chevaux et tout environné de torches fumantes qui brûlaient rouge dans la nuit humide, montrant les armoiries du vieux Hoël que ce Pontalès n'avait pas eu le temps d'effacer.

Pierre de Penhoël était bien changé. L'excès du malheur avait courbé son corps et son esprit. Il se laissa porter dans le carrosse où prirent place auprès de lui Mme la vicomtesse et Mademoiselle Blanche, le doux ange de Penhoël.

L'oncle en sabots suivait à pied avec ses deux Belles-de-nuit. Ceux qui portaient les torches frémirent bien un peu en voyant Marie et Louise : des ressuscitées ! mais elles étaient si jolies qu'on finit par sourire à force de les regarder.

Le grand vieux carrosse s'ébranla. Chaque pas que faisaient les quatre chevaux grossissait le cortège. Quand on arriva, toute la paroisse était derrière ou devant. Au lard ! au lard ! vive la joie !

Au bas du perron, Montalt se tenait debout, son beau visage s'éclairait de toute la lumière des torches. L'oncle en sabots sentit que le bras de la gentille Marie frémissait. Il lui demanda :

— Qu'as-tu, petite belle ?

Elle répondit :

— Je n'ai rien.

— Philippe ! s'écria le vicomte Pierre en reconnaissant son aîné.

Les deux frères restèrent longtemps embrassés, mais on remarqua que le vicomte était bien pâle.

Il reprit pourtant ses couleurs quand l'aîné de Penhoël dit :.

— Me voici revenu, mais ce n'est pas pour rester garçon. Où est l'oncle Jean ? Je viens lui demander sa fillette Marie en mariage.

Qui veut de la joie, en voilà !

Deux fûts de cidre en perce dans la cour ! le violon sur un tonneau ! Dansez la litra, les gars et les filles ! La litra et la « sabotouse » aussi ! Dansez, Jacqueline ! dansez, petite Simonne ! dansez, José, Josille et Joson ! dansez, Monique ! dansez, brave Haligan !

Dansez ! Le vieux chien Turc rampe en hurlant sa joie, la vieille mère pleure sa dernière larme. Au lard ! au lard ! c'est la grande fête ! Les maîtres vont coucher dans leurs lits ! Et nous redanserons à la noce !

Il y eut deux mariages le même jour.

IX

TROIS MOIS APRÈS

Il y eut donc deux mariages le même jour : Louise et Roger, Marie et Philippe, après le temps qu'il faut pour publier les bans à la paroisse.

Quelle fête, Georgette ! on en parla longtemps. Je crois qu'on en parle encore, depuis Ploërmel jusqu'à Rome.

— Belles noces, faut pas mentir. Oh ! dame, sûrement.

— Belles en tout, oh ! là là oui ! Aussi vrai comme je le dis, c'est la vérité tout à fait !

— Quoìque ça ! bon cidre, droit en goût ! et si épaisse, la soupe, que la cuillère y tient debout, pour sûr et pour vrai ! Belles noces ! à boire et à manger, tant qu'on en serait malade si on voulait, ma chère !

— Belles noces, faut point mentir, c'est péché !

Jacqueline en fut, et le brave Haligan, qui chanta sa chanson, et Josille, et Joson, et José, et la vieille mère, et le chien Turc !

Et le petit gars Pelo qui avait eu la première pièce blanche du bon revenant au pays !

On dit que M. Le Hivain trouva moyen de se glisser là-dedans avec ses cheveux plats et ses longues oreilles. Quant à M. de Pontalès, il alla ailleurs et s'y fit pendre, comme c'était convenu.

Si vous entendez jamais railler les légendes du vieux pays, Georgette, ma fille, dites que ces naïves croyances ne nuisent à personne et peuvent servir à quelqu'un. Quel mal de personnifier ainsi les petites étoiles du ciel, les petites fleurs des haies, les petits nuages qui voltigent au-dessus de l'herbe mouillée, si de cette douce fable la charité se dégage comme un parfum ?

Qu'elle reste longtemps, bien longtemps chez toi, ô ma chère Bretagne, la coutume de mettre sur le seuil la part des Belles-de-nuit, pour que les Belles-de-nuit la portent *au plus pauvre*.

Dieu ne se fâche point de cela, car Dieu a dit, en parlant de ceux qui ont faim : « Ce que vous leur donnerez me sera donné à moi-même. »

LES

TROIS HOMMES ROUGES

Le comte, à son réveil, fit appeler son aumônier et lui raconta son rêve.

A ÉLISA

I

LE RÊVE DU COMTE BERTHOR

Ma belle petite Lily, un jour que j'étais ton voisin de table et que nous causions comme de bons amis, je t'ai promis un conte. Écoute.

Bien loin, de l'autre côté du Rhin, et au delà de Francfort, dans la grande forêt de Thuringe, il était un vieux château perché sur le haut d'une montagne. Il s'appelait le château de Berthor et son seigneur était comte du Saint-Empire romain.

Le comte Berthor avait beaucoup de vassaux et possédait une vaste étendue de terres ; il était si riche que, dans ce pays d'Allemagne, on avait coutume de dire : Berthor est plus riche que le roi.

Le comte Berthor avait été un brave et puissant guerrier autrefois ; mais la vieillesse était venue, ses cheveux blanchissaient, son bras faiblissait il ne pouvait plus monter son fougueux cheval de bataille ni soulever sa grande épée d'acier, qui avait pourfendu tant de chevaliers sarrasins.

Il n'avait point eu d'enfants de sa première femme, qui était une princesse de Nassau, et comme, depuis sa mort, il restait dans le veuvage, ses cousins, ses neveux et tous ses parents éloignés remplissaient le château, insolents déjà comme s'ils avaient été les maîtres.

Le vieux seigneur pensait souvent, quand il était seul, le soir, derrière les rideaux brodés d'or de son alcôve : « Si Dieu tout-puissant m'avait donné un héritier de mon nom et de mon sang, je serais à l'abri de ces oiseaux de proie qui s'abattent sur mon nid. »

Pendant une maladie qu'il fit, ses parents s'enhardirent au point de prendre l'administration de ses biens. Trois d'entre eux, le baron Reynier, le margrave Albert et le chevalier Noir, s'installèrent définitivement au château et se firent donner les clés par l'intendant qu'ils chassèrent. Ils avaient espéré que la maladie emporterait le comte Berthor, et déjà ils songeaient à se partager son héritage, lorsque le vieux seigneur revint à la santé.

Ils allèrent à lui et lui dirent :

— Monseigneur, nous sommes tes intendants ; aie confiance en nous et repose-toi de tes fatigues.

Le comte Berthor était trop faible pour résister ; il prit patience et mit son espoir en Dieu.

Une nuit qu'il dormait d'un profond sommeil, Dieu lui envoya un rêve. Il vit la chapelle de son château illuminée et remplie de tous les portraits de ses aïeux, suspendus aux murailles de la grand'salle ; ces portraits étaient vivants : cela faisait une longue file de chevaliers armés de fer, et de nobles dames dans leurs belles robes de soie ou de velours.

Le comte se voyait lui-même, au milieu de toute cette foule, agenouillé sur les marches mêmes de l'autel. Et ses aïeux lui disaient, ainsi que ses aïeules :

— Comte, prends femme pour sauver le nom de Berthor.

Un prêtre vint et commença la messe. Quand ce prêtre inconnu se retournait, Berthor le regardait : il finit par retrouver en lui aussi un des portraits de sa grand'salle : c'était un comte de Berthor qui avait été archevêque et cardinal au temps de l'empereur Charlemagne.

La première fois que le prêtre prononça le *Dominus vobiscum*, il ajouta :

— Comte, prends femme !

Et les assistants répondirent :

— Pour sauver le nom de Berthor.

La seconde fois ce fut ainsi, de même la troisième. Le comte sentit qu'il fallait obéir et il répondit enfin :

— Mes pères et mes seigneurs, quoique je sois bien vieux, je consens à prendre femme pour sauver le nom de Berthor.

A peine eut-il prononcé ces paroles, qu'une musique grave et douce remplit l'église et que l'air s'imprégna d'un parfum d'encens.

Une large dalle de marbre, qui fermait l'entrée du caveau mortuaire des comtes de Berthor, se souleva, et trois chevaliers parurent, qui portaient de longs manteaux rouges flottant sur leurs armures d'acier.

Les deux premiers tenaient par la main une belle jeune fille qui avait au front la blanche couronne des fiancées, le troisième avait une épée nue, comme s'il eût été son garde du corps. Des feuilles de roses tombèrent de la voûte et firent un chemin fleuri de la dalle jusqu'à l'autel.

La jeune fille, suivant cette route, vint s'agenouiller auprès du comte et devint sa femme.

Le lendemain, le comte, à son réveil, fit appeler son aumônier, en qui il avait grande confiance, parce que c'était le seul de ses anciens serviteurs que les parents méchants n'eussent point chassé du manoir. Il lui demanda l'explication de son rêve, et le saint homme répondit par cette merveilleuse histoire :

« Seigneur, il y eut autrefois trois frères, trois comtes de Berthor qui suivirent le bienheureux roi Louis de France en Palestine. Ils défendirent la croix avec vaillance et perdirent tous les trois la vie à la bataille de Massoure. L'histoire dit qu'ils étaient jumeaux et qu'on les trouva couchés côte à côte au milieu du champ de carnage, entourés d'un haut rempart d'infidèles immolés par leur épée. C'était au temps du grand comte Berthor le Rouge, qui bâtit le château où nous sommes. Berthor le Rouge avait donné ses couleurs à ses trois frères cadets, et les chrétiens, qui les voyaient toujours ensemble au plus fort du danger, les avaient surnommés *les trois-hommes rouges*.

« Le grand comte Berthor, ayant appris le trépas glorieux de ses frères, qu'il aimait tendrement, fit construire dans ses caveaux funèbres un mausolée orné de trois statues, et envoya des émissaires en Palestine pour recouvrer les restes mortels des trois chevaliers. A cette époque, on voyageait avec beaucoup de peine, soit par mer, soit par terre. Quand les envoyés du grand comte arrivèrent en Asie, saint Louis avait regagné ses États et les infidèles étaient de nouveau maîtres de tout le pays. Les infidèles se moquèrent des émissaires du grand comte et leur dirent: Allez chercher parmi les os de cent mille cadavres les ossements de vos trois chiens de chrétiens.

« Pour remplir jusqu'au bout leur mission, ils allèrent, en effet, sur le champ de bataille de Massoure, et cherchèrent depuis le matin jusqu'au soir, espérant qu'une pièce d'armure, un lambeau de vêtement, quelque chose, enfin, leur ferait reconnaître les os des trois chevaliers ; mais de même que les vautours et les chacals avaient dévoré toute la chair, les barbares habitants de ces contrées avaient pillé tout ce qui se pouvait prendre. A la nuit noire, les envoyés du grand comte, découragés par l'inutilité de leurs efforts, allaient enfin se retirer, lorsqu'ils aperçurent à quelques pas d'eux, dans l'obscurité, trois lumières de forme allongée qui figuraient sur le sol trois hommes couchés. Ils s'approchèrent et virent qu'en effet c'étaient trois squelettes qui brillaient ainsi dans la nuit.

« De ces bouches immobiles, trois voix sortirent, disant : Nous sommes les trois comtes Berthor.

« Les envoyés du grand comte, saisis d'admiration et d'épouvante, s'écrièrent :

« — Messeigneurs, nous sommes venus chercher vos ossements pour les porter en terre chrétienne.

« — Reprenez en paix le chemin de l'Allemagne, répondirent les voix ; nous y serons rendus avant vous.

« En effet, comme les envoyés retournaient vers la ville, ils purent remarquer qu'une lueur, faite de trois lumières, marchait au loin dans la direction de l'occident. C'étaient les trois comtes Berthor qui regagnaient le sol de la patrie.

« Après bien des fatigues, les envoyés revinrent au château ; il y avait déjà trois mois qu'une certaine nuit la chapelle s'était illuminée toute seule, et que toutes seules les cloches avaient tinté ; or, le jour qui suivit cette nuit, on put voir que le sépulcre vide avait été ouvert et que, d'eux-mêmes, les trois morts y avaient pris place... »

— On dit, poursuivit le vieux chapelain, que, depuis ce temps-là, chaque fois qu'un Berthor naît, meurt ou se marie, les trois hommes rouges sont du baptême, des noces ou des funérailles, invisibles si les descendants du grand comte n'ont pas besoin d'eux, visibles et tenant l'épée nue à la main si quelque danger menace le sang de Berthor.

Ce sont les trois hommes rouges que vous avez vus en rêve, monseigneur, et Dieu ne veut pas, sans doute, que la race des comtes s'éteigne.

— C'est très bien, dit le vieillard ; mais où trouver une femme ?

Il n'avait pas achevé ces paroles qu'un son de cor se fit entendre au delà du pont-levis du château. Le comte se dirigea vers la fenêtre et vit un carrosse attelé de quatre beaux chevaux blancs. Le carrosse portait les armoiries de Berthor, avec ce signe qu'on nomme une brisure dans le langage du blason, et qui indique la branche cadette.

Depuis bien des années, le comte avait perdu de vue son frère Otto, né d'un mariage légitime au point de vue chrétien, mais qui n'avait pas été sanctionné par la loi laïque. L'idée de son frère Otto lui revint, et il s'écria :

— Qu'on lâche les chaînes du pont-levis et que ce carrosse entre jusque dans la cour d'honneur !

Autour du carrosse, trois écuyers chevauchaient. Leurs tuniques noires s'enveloppaient dans les plis de trois vastes manteaux de velours rouge, si bien que les gens de la maison, voyant cela en allant ouvrir les portes, se disaient les uns aux autres :

— Voici les trois hommes rouges de Berthor ; quelque chose d'étrange adviendra dans la maison.

Le majordome Blasius ajouta :

— On les voit chaque fois qu'un Berthor naît, se marie ou meurt.

— Berthor est né il y a longtemps, pensaient les servantes. Il n'a plus l'âge où l'on se marie. Dieu nous protége ! c'est donc qu'il va mourir ?

Le baron Reynier, le margrave Albert et le chevalier Noir étaient à la chasse dans la forêt, car ils se conduisaient comme s'ils eussent été déjà les maîtres du château. S'ils avaient été présents, peut-être que le carrosse n'aurait pas franchi si aisément le pont-levis. Le carrosse avait ses portières fermées et nul ne put voir ce qu'il contenait.

Le vieux comte quitta ses appartements et vint jusqu'au perron, croyant recevoir son frère. Quand il arriva devant la grande porte ouverte, le carrosse était au milieu de la cour. Celui des trois hommes rouges qui avait sonné du cor poussa son cheval vers les degrés et dit :

— Comte, votre frère Otto est mort et nous vous amenons sa fille, afin que vous lui donniez votre protection pendant votre vie, votre héritage après votre mort.

— Qui êtes-vous ? demanda Berthor, et pourquoi vos visages restent-ils cachés sous les larges bords de vos feutres ?

Le cavalier rouge répondit :

— Qu'importe ?

Il s'inclina jusque sur la crinière de son cheval, ses deux compagnons l'imitèrent et tous les trois, piquant leurs montures, franchirent le pont-levis au galop.

Pendant un instant, la sentinelle des murailles put voir les longs plis de leurs manteaux rouges flotter sous les rayons du soleil; puis ils disparurent dans le grand bois de mélèzes qui couvre la croupe de la montagne.

Le chapelain descendit les marches et ouvrit la portière du carrosse. Il contenait une jeune fille de dix-huit ans, blanche comme un cygne. L'azur du ciel était dans ses yeux et ses cheveux blonds lui faisaient une couronne d'or.

Le chapelain la prit par la main et la conduisit à Berthor en disant :

— Vous demandiez où trouver une femme, comte; voici votre comtesse.

Le vieux seigneur, la voyant si belle, pensait :

— Que n'ai-je un cher fils, pour voir près de moi deux enfants heureux !

Il ajouta tout haut et avec tristesse :

— Je suis trop vieux, elle est trop jeune.

— Qu'importe ? repartit le chapelain.

Et la douce voix de la jeune fille répéta, tandis qu'elle s'inclinait sur la main du vieillard :

— Qu'importe ?

Le comte leva les yeux au ciel, pour demander conseil sans doute dans une circonstance si délicate.

Ses yeux rencontrèrent à la voûte l'écusson de Berthor qui partout pendait, rouge, avec trois cimeterres d'or menaçant une main désarmée. La devise enroulée autour de l'écu rappelait le beau fait d'armes du premier comte Berthor, qui avait répondu, sans épée ni lance, au défi de trois Sarrasins : *Qu'importe !* et qui les avait vaincus.

— Qu'importe ! dit lui aussi le vieux comte, ragaillardi par cet encourageant présage. Notre Seigneur Dieu aime les bonnes races et je n'ai, après tout, que soixante ans. Majordome, prépare la chambre bleue où reposait madame ma mère, dont le nom soit béni. Celle-ci est désormais la maîtresse au château de Berthor. Je lui donne mes domaines avec ma couronne de comte. Qu'on se le dise dans les fiefs nobles et dans les chaumières vassales!

Le comte regarda par la fenêtre.

Elle s'agenouilla devant lui.

II

LE MARIAGE

Quand les trois effrontés coquins qui voulaient l'héritage du comte Berthor revinrent de la chasse, ils jetèrent feu et flammes. Le baron Reynier, qui était le plus méchant des trois, jura qu'il aurait raison de cette blonde jeune fille dont l'apparition dérangeait tous ses projets. Il tint conseil avec le margrave Albert et le chevalier Noir.

Tous les trois résolurent de s'opposer au mariage. Mais quand ils se présentèrent devant le comte Berthor, ils trouvèrent bien du changement.

D'ordinaire, le vieillard, affaibli par l'âge et aussi par la maladie, ne savait point leur résister. Aujourd'hui, ce fut différent : il les regarda en face, et à toutes les observations du baron Reynier, l'orateur de la troupe, il répondit bravement : Qu'importe ! Les trois coquins ne le reconnaissaient plus.

Force leur fut de baisser pavillon. Le chevalier Noir, qui était brave comme sa lance et plus fort qu'un Turc, voulait se rendre maître du château par la violence, mais les deux autres furent d'un avis opposé.

Ces choses se passaient au XVIᵉ siècle, en je ne sais plus quelle année.

Le baron Reynier était un homme de cour qui avait mangé sa fortune à mal faire. Il avait embrassé, après sa ruine, la fausse doctrine de Jean de Leyde pour garder certains semblants de religion tout en s'appropriant le bien d'autrui.

Ce temps avait déjà des coquins presque aussi impudents que les nôtres. Le baron Reynier, lui, préférait la ruse à la force.

— Patience ! dit-il. Laissons le vieux fou prendre femme, puisque telle est sa fantaisie. A son âge on n'a pas d'héritier ; mais si par cas le diable lui en donnait un, il serait temps de prendre nos mesures pour renvoyer l'œuvre du démon en enfer.

Quant au margrave Albert, Judas de seconde main, il votait toujours avec le baron. Le chevalier Noir haussa les épaules et gronda entre ses dents :

— La patience est la vertu des poltrons. Avec un bon sabre au bout d'un bon bras, on n'est jamais obligé de prendre patience.

Cependant, le bruit se répandit dans tout le pays que le vieux comte allait donner son nom à une toute jeune femme, belle comme les amours. Tout le monde fut étonné, les uns se moquèrent de lui, les autres l'approuvèrent.

En général, les gens de bien accueillirent avec faveur l'espoir qu'un héritier direct pourrait naître à cette vaillante race de Berthor, qui avait toujours défendu au prix de son sang l'étendard de la croix contre les infidèles.

Quand les seigneurs des environs reçurent les lettres d'invitation, ils commandèrent à la ville de belles robes pour leurs dames et se pourvurent eux-mêmes de tuniques et de manteaux tout battant neufs.

Il n'y avait point de châtelain si riche que Berthor à plus de vingt lieues à la ronde et chacun prévoyait bien que les fêtes du mariage dépasseraient en magnificence les épousailles des fils de l'empereur.

L'annonce de ces noces splendides alla jusqu'à Heidelberg, résidence de l'électeur palatin, célèbre par son Université et par son tonneau de vin du Rhin, qui tient, dit-on, mille barriques de bourgogne et par conséquent trois cent mille bouteilles.

Il y avait alors à l'Université trois étudiants qui n'avaient d'autre nom que celui de leur baptême : le premier s'appelait Otto, le second Frédéric et le troisième Goëtz. Ils étaient pauvres comme Job, mais si beaux, si nobles et si braves que leurs camarades les avaient nommés Rois des Épées. Les Rois des Épées étaient au nombre de trois, comme chacun sait, dans les écoles d'Allemagne, pour rappeler l'adoration des mages, et l'Université leur devait le costume, consistant en frac et chausses de velours noir avec bottes de maroquin écarlate et manteau de velours rouge.

Ne voilà-t-il pas que ces trois vaillants garçons, ayant ouï parler comme tout le monde des noces de la belle Margarèthe avec le vieux comte Berthor, se mirent en tête d'y assister !

Peut-être qu'ils avaient leurs raisons pour cela.

Ils partirent un matin à pied avec trois glaives choisis dans le Magasin de l'Honneur, qui est le lieu où les étudiants d'Heidelberg renferment leurs armes de combat, et cheminèrent vers le pays de Francfort en chantant le cantique des chevaliers de Marienthal.

C'étaient, en vérité, trois nobles créatures et ils se ressemblaient si fort entre eux que leurs camarades eux-mêmes ne savaient pas toujours les distinguer l'un de l'autre.

Ils arrivèrent au château de Berthor le jour des fiançailles, mais ils n'entrèrent point dans la chapelle où Margarèthe, radieuse de jeunesse et de beauté, donnait sa bague au vieux comte, et chacun put les voir, agenouillés tous les trois en dehors de la grande porte, prier en silence et dévotement.

L'hospitalité de Berthor était large et ne manquait à personne. Otto, Frédéric et Goëtz ne la réclamèrent point. Ils payèrent leur repas frugal dans la cabane d'un bûcheron de la forêt, s'agenouillèrent pour prier et dormirent, enveloppés de leurs rouges manteaux, sous la voûte des sapins séculaires.

— Seigneur, avait dit une fois le baron Reynier à Berthor entre les fiançailles et le mariage, il est convenable que les noces d'un comte tel que vous éblouissent la contrée. Richesse oblige comme noblesse; vous êtes si riche et si noble qu'on attend de vous des merveilles.

— On aura des merveilles, avait répondu Berthor. Quand je prodiguerais d'un coup la moitié de ma fortune, ce ne serait pas trop pour célébrer ma grande joie.

— D'autant que la magnificence d'un vieil époux, ajouta méchamment Reynier, met un bandeau sur les yeux d'une jeune femme.

Le comte répondit :

— Ma sainte et belle Margarèthe m'aime de tout son cœur et je suis le plus heureux seigneur de toute l'Allemagne.

— Donc, mon illustre cousin, reprit Reynier, il faut un festin comme on n'en a jamais vu.

— Des danses, des concerts, des chasses aux flambeaux, des feux d'artifice, ajouta le margrave Albert.

— Et un splendide carrousel, je suppose ! acheva le chevalier Noir.

— On aura, répondit Berthor, un festin comme il ne s'en vit jamais, des danses, des concerts, des chasses aux flambeaux, des feux d'artifice, un splendide tournoi, et bien d'autres choses encore.

— Pour cela, dit tout bas Reynier, il faut de grosses sommes.

— De très grosses sommes ! appuyèrent le margrave et le chevalier.

Le bonhomme Berthor voulut répondre par la fière devise de sa maison : « *Qu'importe ?* » mais les trois coquins prirent un air piteux et demandèrent à la fois :

— Noble comte, ignorez-vous l'état de vos finances ?

— Je sais, répliqua Berthor, que mon revenu suffirait à faire vivre cent familles de gentilshommes.

— Certes, certes, et bien davantage, répliqua Reynier ; mais le malheur des temps, seigneur, la guerre, la contagion, la famine... Votre opulence reste toujours la même sur le papier, mais votre caisse est vide. Fallait-il restreindre l'hospitalité qui est la gloire de Berthor ? Fallait-il pousser l'épée dans les reins d'infortunés tenanciers qui demandaient, avec larmes, du temps pour payer leur redevance ? A nous trois ici présents, mon illustre parent, nous vous avons épargné la dépense d'un intendant, mais nous ne sommes pas assez habiles pour faire de l'or, et si vous voulez que votre fête soit digne de vous, il faut contracter un emprunt.

Berthor, stupéfait, voulut voir les livres de comptes ; on lui apporta une douzaine de registres géants dont la vue seule lui donna la migraine. Il en ouvrit un au hasard, feuilleta quelques pages, et laissa retomber le livre avec fatigue en disant :

— Contractons un emprunt, s'il est nécessaire. Avec la fortune que j'ai, cela ne tire pas à conséquence.

— Je vais donc mander mon banquier Moïse et mon homme de loi Zacharie Mesmer, dit Reynier, et je ne vous romprai pas davantage les oreilles de cette mince affaire.

La belle Margarèthe vivait au milieu de ses femmes et n'avait d'autre compagnie que le bon chapelain. Elle brodait, tant que durait le jour, une tapisserie de soie et d'or qui représentait l'écusson de Berthor avec ses trois cimeterres et sa hautaine devise. Quand la brume tombait, elle s'accoudait au balcon de sa fenêtre et plongeait un regard de mélancolique regret dans les lointains obscurs qui se confondaient avec le ciel.

Un soir, le chapelain la surprit qui pleurait.

— Ma fille, lui dit-il, pourquoi versez-vous des larmes ? Il y a des douleurs coupables.

Elle s'agenouilla devant lui. Quand elle eut achevé sa confession, le prêtre la releva et lui baisa la main avec un respect attendri.

— Monseigneur, dit-il au comte ce soir-là, béni soit votre toit qui abrite une sainte !

Le long de toutes les routes qui sillonnent la forêt de Thuringe, on vit un matin l'étincelante procession des seigneurs et des châtelaines. Il y avait des landgraves, des margraves, des gaugraves, des rheingraves et des burgraves. A perte de vue c'étaient d'interminables files de destriers, de palefrois et de haquenées. Le pays d'Allemagne tout entier venait aux noces du bon comte Berthor qui avait obtenu les dispenses de l'Église pour épouser Margarèthe, sa belle nièce.

Le château, grand comme une ville, pouvait contenir mille hôtes, mais comme il y en avait dix mille, on avait bâti à la hâte des constructions nouvelles qui couvraient au nord, au midi, à l'est, à l'ouest, les quatre versants de la colline. C'était vaste comme Dresde la royale, ou comme Prague, le glorieux joyau des cités germaniques.

Dans la chapelle, éclairée par des myriades de cierges parfumés, on put compter quatre princes souverains et plus de six-vingts comtes d'empire. L'archevêque de Cologne donna la bénédiction. Tout le monde remarqua bien qu'il y avait comme une lumineuse couronne au-dessus du voile blanc de Margarèthe. En Allemagne, les bonnes gens regardent cela comme un signe de mort prématurée, et plus d'un qui l'admirait, pensa :

— Elle est trop belle et trop bonne pour la terre. Dieu doit avoir hâte de la posséder dans son ciel.

Chose singulière, parmi tant de hauts seigneurs, il y avait non seulement les trois parasites insolents : le baron Reynier, le margrave Albert et le chevalier Noir, qui eussent été des mendiants sans les libéralités du comte, mais encore un juif de Francfort nommé Moïse, un procureur sordide, maître Zacharie Mesmer, qui eurent tous deux l'effronterie de s'approcher jusqu'à toucher du pied les marches de l'autel.

Maître Zacharie était désormais l'homme de loi du comte, et Moïse avait prêté au comte deux cent mille florins de banque pour payer les frais de la fête.

Ils étaient ici presque chez eux.

Nous ne parlerons ni des festins ni des danses, mais nous dirons qu'au tournoi, le baron Reynier, le margrave Albert et le chevalier Noir eussent emporté les trois meilleures couronnes, si trois inconnus, couverts de cuirasses sombres et dont les écus n'avaient point d'armoiries, ne s'étaient présentés, montés sur trois chevaux de labour.

Ceux-là firent mieux que tous les autres, et plus d'un parmi les spectateurs surprit une larme aux beaux yeux de Margarèthe tandis qu'elle décernait le prix à celui des trois inconnus qui semblait commander aux deux autres.

Après la nuit tombée, une ombre gracieuse glissa dans les ténèbres du parc. On cherchait Margarèthe au château. Trois baisers bruirent sous la feuillée, et Margarèthe rejoignit ses femmes qui l'appelaient, tandis que l'écho trois fois répétait : « Adieu, sœur chérie ! »

Quelques minutes après, trois hommes enveloppés de manteaux rouges franchissaient les murs du parc et s'éloignaient à grands pas dans la direction d'Heidelberg.

Berthor en ouvrit un au hasard.

Gertraud mit son oreille à la serrure.

III

LES ÉTUDIANTS D'HEIDELBERG

Neuf mois se sont écoulés, et les choses ont bien changé au château de Berthor. Le vieux comte avait dit, en parlant du premier emprunt qu'il contractait : *Cela ne tire pas à conséquence.* Il se trompait cruellement. Aucune fortune, si considérable qu'elle soit, ne peut résister à trois intendants soutenus d'un procureur et d'un usurier.

Le comte Berthor avait tout cela et, de plus, un médecin païen et philosophe qui lui avait mis en tête l'idée de faire de l'or.

Lily, tu ne connais pas le prix de l'or, parce que tu n'as pas eu, depuis l'heure où tu ouvris les yeux en ton premier sourire, une seule fantaisie qui n'ait été à l'instant satisfaite. Il y avait des fées autour de ton berceau. Tu es riche, Lily, et dans ton insouciance heureuse, tu dirais volontiers comme la devise de Berthor : Qu'importe ?

Mon ange, il importe beaucoup. Il n'y a que les riches à pouvoir donner tant qu'ils veulent, et l'or vaut beaucoup à cause de cela : seulement, et

ne l'oublie jamais, Lily, gare à ceux qui ne donnent pas tout ce qu'ils peuvent !

C'était peut-être pour donner que ce pauvre vieux comte voulait faire de l'or, car il avait une bonne âme. Mais il baissait, vois-tu, il baissait à faire pitié. En comptant son médecin païen, cela faisait maintenant six coquins qui étaient autour de lui. Il n'en fallait pas tant : le médecin tout seul l'eût enterré le mieux du monde et lestement.

Le médecin, en effet, outre qu'il changeait les médailles de plomb en frédérics d'or, avait trouvé la recette d'un certain breuvage qu'il nommait l'élixir de vie, et qui vous faisait atteindre tout doucement l'âge de Mathusalem.

Cela coûtait horriblement cher, mais depuis trois mois que le comte Berthor en buvait, il avait vieilli de dix ans.

Le médecin s'appelait le docteur Mira, et venait de Lombardie. Il s'entendait comme larron en foire avec l'usurier, avec l'homme de loi et avec les trois intendants. Dans la lugubre comédie qui allait se jouant au château de Berthor, chacun avait son rôle : le chevalier Noir était l'épée de l'association ; le baron Reynier et le margrave Albert en étaient les poignards ; Zacharie embrouillait les affaires ; Moïse vidait la caisse, et le docteur, usant à la fois l'esprit et le corps de son malade, le livrait sans défense aux serres des oiseaux de proie.

C'était une tragédie montée.

Il y avait une circonstance qui redoublait leur acharnement ; c'est que la douce Margarèthe, en dépit du grand âge de son mari, allait devenir mère.

On attendait chaque jour la naissance de l'enfant. Les six associés, enragés à l'idée que la venue d'un fils pourrait leur enlever ce splendide héritage, avaient pris dès longtemps leurs mesures. D'abord, ils avaient arraché à la faiblesse de Berthor des contrats de vente qui les rendaient maîtres de ses immenses domaines ; ensuite, ils avaient amassé, dans les caves mêmes du château, un trésor considérable qu'ils comptaient bien emporter en cas de malheur.

Cela ne suffisait point. L'héritier légitime épouvante toujours l'usur-
pateur.

Ils avaient voulu tuer le pauvre enfant qui n'avait pas encore vu le
jour.

Avant l'heure même de sa naissance, ils l'attaquaient par la calomnie,
et leurs émissaires parcouraient le pays, racontant l'histoire de ces hommes
mystérieux qui avaient pénétré dans le parc, le soir des noces. Margarèthe
avait disparu un instant, chacun s'en souvenait bien. Pourquoi cette fuite ?

On avait vu trois hommes habillés de rouge escalader les murailles
de l'enclos.

Le rouge est la livrée de l'enfer. Les trois inconnus étaient Satan et ses
écuyers. Le docteur Mira l'affirmait, lui qui connaissait si bien Satan !

Dans ce pays allemand, nourri des légendes lugubres, où le protestan-
tisme naissant soulevait déjà la haine du pauvre contre le riche, ces bruits
perfidement répandus ne laissaient pas de faire impression. Dans les ca-
banes et dans les manoirs on s'entretenait de cette ténébreuse aventure, et
l'innocent que la belle Margarèthe portait dans son sein était déjà connu à
dix lieues à la ronde sous le nom détesté du Fils du Diable.

Elle ignorait cela, Margarèthe, la chère et douce créature. Dans sa solitude pieuse, elle se croyait bien à l'abri de la calomnie. Ces gens qui dési-
raient sa mort et qui souillaient son honneur, hypocrites comme tous les
scélérats, l'entouraient de flatteries et de respects.

Le vieux chapelain, seul, lui avait dit quelquefois de prendre garde.

Mais comment prendre garde ? Que pouvait-elle faire ? Où trouver des
défenseurs contre cette ligue puissante qui l'entourait de toutes parts ?

Il y avait parmi ses servantes une jeune fille de dix-huit ans, nommée
Gertraud, qui lui était sincèrement attachée. Gertraud était curieuse. Elle
voyait souvent Zacharie et Moïse descendre dans les souterrains avec le
margrave ou le baron; elle les suivit un jour, et entendit au travers de la
porte d'un cellier le bruit de l'or qu'on remue. Le docteur Mira et le chevalier Noir étaient dans la cave.

Gertraud mit son oreille à la serrure, quoiqu'elle tremblât bien fort.

— Le comte n'en a pas pour un mois désormais, disait Mira.

— Tout cela est trop long ! répétait le chevalier Noir. Pourquoi s'en remettre au poison quand on peut se servir de l'épée ?

Le baron répliqua :

— Il ne faut user de violence qu'à la dernière extrémité. L'épée laisse toujours des traces. Si le poison nous trahit et si la comtesse met au monde un fils, il sera temps d'employer la force.

Gertraud, paralysée par la terreur, resta un instant immobile, puis elle courut vers sa belle maîtresse, qui était déjà sur son lit de souffrance.

Elle lui dit tout.

Margarèthe fit appeler son vieil époux, qui vint, semblable à un fantôme.

Il était si pâle et si faible que Margarèthe ne voulut pas d'autre preuve du crime.

Elle s'écria :

— Seigneur, sauvez votre existence et celle de votre héritier ; nous sommes entourés d'assassins !

Le comte sourit.

— Vous parlez, ma bien-aimée, répondit-il, de choses qui sont au-dessus de votre entendement. Je n'écouterai rien contre les nobles parents et les vertueux amis qui m'entourent. C'est aux breuvages du savant docteur Mira que nous devrons la naissance de notre cher enfant, et c'est lui qui fait couler la vie dans mes veines.

Il fut obligé de s'asseoir, parce que ses pauvres jambes tremblaient sous le poids de son corps exténué.

— Encore quelques jours, ajouta-t-il en essuyant la sueur froide de son front, et mon docte ami m'aura rendu la santé avec la force.

Margarèthe sentit qu'elle n'avait rien à attendre de ce malheureux vieillard, dont l'esprit était plus malade que le corps. Dès qu'il se fut retiré, elle voulut écrire ; mais sa main frémissante ne pouvait tracer sur le papier aucun caractère lisible. Dieu sait que ses craintes n'étaient pas pour elle-même, car sa belle âme n'avait rien à redouter en quittant cette terre ; mais son enfant, son cher enfant ! n'allait-il voir la lumière que pour tomber sous le lâche poignard des meurtriers !

Gertraud, qui la voyait pleurer, lui demanda :

— Ne puis-je rien faire pour ma bien-aimée maîtresse ?

— Il y a si loin d'ici jusqu'à la ville de Heidelberg ! répondit Margarèthe parmi ses larmes.

Gertraud lui baisa les mains.

— Je suis forte, dit-elle, et j'ai du courage ; s'il faut aller jusqu'à Heidelberg pour le bien de ma maîtresse chérie, j'irai.

Margarèthe l'attira dans ses bras et la baisa.

— Puisse l'enfant payer la dette de sa mère ! murmura-t-elle.

Puis, prenant à son doigt un anneau d'or où chatoyait une petite opale aux reflets d'azur, elle la mit entre les mains de la jeune servante en ajoutant :

— Va donc en la ville d'Heidelberg, ma fille. Tu demanderas de porte en porte trois jeunes écoliers qui se nomment Otto, Frédéric et Goëtz. Tu leur apprendras ce que tu sais, et pour leur donner confiance tu leur montreras cette bague. Ils la reconnaîtront.

Gertraud baisa encore une fois les pauvres doigts amaigris de la comtesse, puis elle partit.

Elle voyagea la nuit et le jour jusqu'à ce qu'elle aperçût enfin les rives verdoyantes du Neckar et les antiques clochers de la cité palatine.

Sans prendre le temps de se reposer, elle alla de porte en porte, demandant la demeure de trois jeunes écoliers, Otto, Frédéric et Goëtz.

Les étudiants de l'Université d'Heidelberg étudiaient un peu, je le pense, mais ils buvaient surtout volontiers le vin du Rhin à pleins verres en fumant leurs longues pipes de porcelaine. On dirigea Gertraud vers une taverne où plus de cinquante jeunes gens étaient réunis, la pipe aux lèvres et le verre à la main.

Ton père te dira peut-être, ma petite Lily, qu'au temps de Luther, il n'y avait ni tabac ni pipes ; tu lui répondras, de ma part, que l'Allemagne était une tabagie avant la découverte du tabac. L'Allemagne n'a jamais pu exister sans la pipe ; il lui faut la fumée épaisse et âcre, comme il faut l'eau à la grenouille et la nuit au hibou.

D'ailleurs, nous ne sommes pas assez savants, toi et moi, Lily, pour y regarder de si près. Je te dis mon histoire comme on la raconte au pays qu'embaumaient déjà la choucroute, la bière et la pipe du temps de Germanicus !

Gertraud se trouva enfin en présence des trois écoliers, Otto, Frédéric et Goëtz ; elle s'acquitta envers eux de son message et leur montra la bague d'opale pour leur donner créance.

Otto baisa la bague et prit à la main son large chapeau de feutre, avec lequel il fit le tour de la taverne.

— Frères, dit-il, nous sommes pauvres, et il nous faut trois bons chevaux pour cette nuit, car notre sœur est en danger de mort au château de Berthor, dans la forêt de Thuringe. Que chacun donne ce qu'il pourra : je vous demande l'aumône.

Il avait le rouge au front, mais sa tête hautaine ne se courbait point.

Frédéric et Goëtz firent comme lui ; les florins, les ducats et les thalers tombaient comme grêle au fond des feutres, car les étudiants sont des enfants généreux, même en Allemagne.

Quand il y eut assez d'argent dans les feutres, Otto dit :

— Frères, nous vous rendons grâces, et nous vous empruntons trois glaives du Magasin de l'Honneur.

Après quoi ils sortirent, enveloppés dans leurs manteaux rouges.

Au bout de quelques minutes, ils galopaient sur la route de Berthor.

Au château, les événements avaient galopé aussi. Le vieux comte avait bu une si grande quantité d'élixir de vie qu'il en était mort, au moment même où Margarèthe, sa femme, mettait au monde un fils beau comme le jour.

Certes, le vieux Berthor eût été une bien faible barrière entre les assassins et ce lit de douleur qui contenait tout l'espoir de sa race ; mais cette faible défense elle-même avait disparu. Le cadavre inanimé du vieillard était couché dans le mystérieux réduit où le docteur Mira et lui se réunissaient pour faire de l'or.

Les coquins étaient les maîtres.

Il n'y avait dans tout cet immense château que le pauvre vieux chapelain fidèle pour prêter un semblant d'aide à la jeune mère.

Aussi le baron Reynier, le margrave Albert, le chevalier Noir, Zacharie Mesmer, Moïse l'usurier, et le docteur, accueillirent-ils par un rire dédaigneux les premiers cris du nouveau-né qu'ils appelaient le *Fils du Diable*.

La mère et l'enfant étaient déjà condamnés dans leur cœur, et ils attendaient seulement que la nuit fût venue pour accomplir leur dernier forfait.

Margarèthe priait, avec son cher trésor dans ses bras. Quelque chose lui disait que son heure avait sonné. Et te figures-tu, ma petite Lily, cette pauvre femme, toute jeune, car elle n'avait que dix-huit ans, belle et douce comme une sainte, te la figures-tu, seule, toute seule, entourant son fils de ses faibles bras et guettant les bruits lointains des grands corridors par où la mort allait venir dans l'ombre pour elle et pour son cher ange ?

C'est une dure besogne, même pour les âmes les plus criminelles, que de tuer froidement un petit enfant dans les bras de sa mère.

Il faut pour cela les ténèbres ; il faut aussi l'excitation que donne la colère ou celle qui naît de l'orgie. Les assassins se mirent à boire en attendant la nuit.

Un festin magnifique leur fut servi dans la chambre du baron Reynier ; les valets épouvantés n'avaient garde de leur rien refuser. On put entendre toute la soirée, au travers de la porte close, leurs chants, leurs rires et leurs querelles. Ils se partageaient l'héritage et plus d'une fois le sang faillit couler pendant qu'ils s'en disputaient les lambeaux.

Comme dix heures du soir sonnaient au beffroi de la chapelle, le baron Reynier posa son verre sur la table et dit :

— C'est assez boire, il est temps de travailler.

Tous les convives pâlirent à la pensée de la besogne qui leur restait à accomplir.

Les six noms furent mis dans un vase et l'on tira au sort pour savoir celui qui frapperait.

Le nom du chevalier Noir sortit le premier de l'urne. Il se leva.

Il était ivre.

Il saisit sa lourde épée d'une main, un flambeau de l'autre ; suivi de tous ses compagnons, il s'engagea dans le corridor qui conduisait à l'apparte ment de Margarèthe.

Celle-ci, vaincue par la fatigue, avait fini par céder au sommeil et le petit enfant dormait entre ses bras. Les rideaux de l'alcôve étaient fermés.

Le chevalier Noir, malgré son ivresse, frémit en entrant dans cette chambre solitaire et dit, en blasphémant le saint nom de Dieu :

— Je donnerais cent ducats d'or pour trouver une épée au-devant de la mienne.

Les autres répondirent :

— Hâtons-nous, pour revenir à table et achever notre souper !

Le chevalier Noir fit glisser les rideaux sur leurs tringles de fer, mais au lieu de frapper, il recula et ses compagnons poussèrent un cri de rage.

Le chevalier Noir n'avait demandé qu'une épée. Il y avait au-devant de la mère et de l'enfant trois hommes vêtus de manteaux écarlates qui tenaient à la main de longs glaives nus.

— Les trois Hommes Rouges ! balbutia le baron Reynier qui connaissait comme tout le monde la légende des compagnons de saint Louis.

— Sortent-ils de l'enfer pour protéger le Fils du Diable ? s'écria le chevalier Noir. Nous sommes deux contre un ; messeigneurs, en avant !

Il s'élança bravement, car c'était un soldat, mais les autres n'eurent garde de le suivre, et il tomba, le crâne fracassé par le glaive du premier homme rouge.

Les cinq autres coquins s'enfuirent.

Quand ils revinrent avec leurs hommes d'armes, il n'y avait plus dans la chambre que le chevalier Noir privé de sentiment.

Les trois Hommes Rouges avaient disparu, emportant Margarèthe et le fils du comte Berthor.

Le chevalier Noir.

Cornes de Satan ! s'écria le vieillard, en armant son pistolet.

IV

LA PRISON DE FRANCFORT

Maître Blasius, geôlier de la ville de Francfort, aimait passionnément sa partie de piquet et le comte Otto, prisonnier d'État, était le meilleur joueur de piquet de toute l'Allemagne.

Francfort est une ville libre, capitale du commerce israélite en Europe. Les synagogues y sont grandes comme des cathédrales, et la cathédrale en revanche, belle vieille église pourtant, a l'air d'une maison abandonnée. On l'appelle ville libre, parce qu'elle est gardée tour à tour par des garnisons autrichiennes, bavaroises et prussiennes.

La liberté, en Allemagne, consiste à se cacher pour prier Dieu et à n'être pas toujours surveillé par les mêmes gendarmes.

Je ne sais pas en quoi la liberté consiste ailleurs.

Le comte Otto était un ardent ami de la liberté ; aussi le trouvons-nous en prison. Il atteignait alors les dernières limites de la jeunesse et il avait passé quinze ans de sa vie à combattre pour les droits des seigneurs allemands contre l'empire d'Allemagne. Je ne connais qu'une seule loi où la fraternelle égalité soit préconisée, c'est l'Evangile; mais l'Evangile n'entend pas tout à fait l'égalité, ni la fraternité, ni même la liberté comme les braves qui se servent de ces trois mots pour gagner leur vie.

Le comte Otto appartenait à la noble famille de Berthor. Seulement, quoiqu'il fût issu, aussi bien que ses deux frères Frédéric et Goëtz, d'un mariage célébré à l'autel, il manquait à cette union quelque formalité de droit romain ou tudesque, car ni Otto, ni Frédéric, ni Goëtz n'étaient héritiers légitimes des grands biens de Berthor. — Peut-être bien que s'ils eussent été héritiers légitimes ils n'auraient pas tant détesté la loi.

Toujours est-il qu'en dehors de leurs sempiternelles conspirations, les trois frères étaient d'honnêtes et braves cœurs.

L'Allemagne est le pays des convulsions mystérieuses et des brumes historiques. Au temps dont nous parlons, l'apostasie de Luther donnait au monde un avant-goût de nos révolutions. Dans toute l'Europe, quelque chose aspirait à cette prétendue lumière dont les siècles modernes sont appelés à expérimenter le néant. Il y avait encore au temps, où se passe notre aventure, des affiliés qui gardaient le nom de francs-juges et qui s'instituaient, de leur autorité propre, magistrats pour juger la grande querelle de toutes les époques, le procès entre le fort et le faible, non point comme les chevaliers errants, avec la lance, mais comme les bourreaux, avec la hache.

Le franc-juge avait été dans les siècles précédents un homme qui se levait contre la Féodalité souveraine et qui lui disait : « Sur la terre, il n'y a point de tribunal pour condamner tes excès : j'irai sous terre et je te condamnerai dans la nuit, au nom du Père, du Fils et du Saint-Esprit ! »

Le franc-juge ne relevait que de Dieu. Il ne répondait qu'à sa conscience. Le franc-juge, du moins, prétendait être cela, absolument comme son héritier, le tribun, prétend être un modèle de dévouement désintéressé.

Malheureusement, les choses qui se drapent ainsi noblement dans la sonorité fière des paroles apparaissent souvent fort laides dès qu'on les met à nu. Ainsi en était-il la plupart du temps des tribunaux secrets, qui se recrutaient parmi les ambitieux sans foi ni loi, abondants alors comme aujourd'hui, et il faut se méfier toujours de ceux qui prétendent représenter Dieu sans être investis d'aucun sacré caractère.

Ce qu'on peut dire sur eux de moins sévère, c'est que, parmi ces esprits révoltés, qui la plupart avaient de bonnes raisons pour craindre la lumière, il s'égarait parfois un grand cœur.

Le comte Otto était de ceux-là. Le comte Otto, affilié aux francs-tribunaux de l'Allemagne, avait conservé pure sa conscience d'honnête homme et sa foi de chrétien. Lors de la scission qui s'était produite dans les franches-lignes aux premiers jours de la fièvre hérétique, il était resté ainsi que ses frères dans le petit nombre de ceux que rien n'avait pu détacher de l'Eglise romaine.

Nous l'avons vu adolescent autrefois, avec ses deux frères Frédéric et Goëtz, dominer la jeunesse à l'Université de Heidelberg. Dix-huit ans s'étaient écoulés depuis lors. Il avait combattu loyalement et vaillamment aussi des abus trop réels. Ses ennemis, puissants et peu scrupuleux dans le choix des armes, l'avaient vaincu.

Il était captif dans la prison de Francfort ; l'arrêt qui le condamnait à mort ainsi que ses frères était prononcé. Il attendait l'effet de son recours à l'empereur.

Ses ennemis avaient nom le baron Reynier, le margrave Albert et le chevalier Noir ; ses ennemis principaux, car il en avait d'autres, Moïse Geld, un des plus puissants financiers de la ville impériale et libre, Zacharie Mesmer, l'échevin, le docteur Mira, que sais-je ? S'il fallait les compter tous, nous en trouverions des centaines. La haine de tous ces gens-là n'avait rien à voir avec la politique, mais elle s'affublait de couleurs politiques et en somme elle avait fermé sur les trois frères les verrous d'une prison.

Ainsi voit-on sans cesse, dans les temps de trouble, les vengeances des particuliers s'exercer à la faveur de la fièvre publique.

Dix heures du soir venaient de sonner à l'horloge de Rœmer, l'antique et vénérable maison de ville de Francfort. Maître Blasius, ancien majordome du château de Berthor, et le comte Otto étaient assis devant une table de bois noir, recouverte d'un tapis de serge, dans une chambre assez vaste, mais dont les murs en pierre de taille tout nus, et la fenêtre armée de barreaux de fer, trahissaient la triste destination. Sur la table, il y avait plusieurs pièces d'or, une cruche de vin du Rhin flanquée de deux verres, une lampe et des cartes.

Ces dix-huit années semblaient avoir passé sur le front intelligent et fier du comte Otto sans altérer la mâle beauté de sa jeunesse. Sa taille était toujours robuste et souple. Le malheur et la pensée avaient mis dans son regard je ne sais quel mélancolique attrait. Ce n'était pas pourtant un de ces prisonniers plaintifs qui tentent l'œuvre impossible d'attendrir un geôlier. Il portait bien sa disgrâce, jouait habilement son jeu et savourait son vin de Marcobruner avec plaisir.

— Trente-quatre et la dernière trente-cinq, quarante-cinq, dit maître Blasius.

Puis il ajouta, d'un air sincèrement satisfait :

— C'est joli pour avoir fait la main... Noble Berthor, pendant que vous allez battre les cartes, je boirai, s'il vous plait, un coup à la santé de vos frères et de vous.

— Et je vous ferai raison, maître. Vous êtes un digne cœur, vous, et vous n'avez pas oublié que vous mangiez autrefois le pain des vieux comtes.

— Certes, certes, Otto, mon gentilhomme... Je suis toujours votre serviteur. Mais pourquoi diable vous êtes-vous fourré dans cette bagarre ?

— Un homme sage comme vous, Blasius, ne doit point se laisser prendre aux apparences. Ce n'est pas le conspirateur qui est ici, sous les verrous, c'est le défenseur du dernier comte Berthor, poursuivi par les assassins de son père.

— Le Fils du Diable ! murmura le geôlier en avalant son verre. C'est une histoire bien embrouillée, celle-là ! Berthor était si vieux...

— Margarèthe, ma sœur, était pure comme les anges, interrompit Otto sans montrer de colère.

— Certes, certes... Et les beaux cheveux blonds qu'elle avait, quand le chapelain la maria, *meinherr !* Mais c'est égal, bien des gens vont répétant : « Le comte Berthor était trop vieux ! » Il ne me manque plus que vingt-trois points.

Otto donna les cartes et reprit froidement :

— Le banquier Moïse est le plus riche argentier de Francfort ; l'ancien procureur Zacharie prête son or mal acquis aux fils des membres de la Diète ; le margrave Albert et le baron Reynier ont épousé deux princesses ; on craint l'épée du chevalier Noir et les maléfices du docteur Mira : n'est-ce pas assez pour que bien des gens aillent répétant ce que les assassins de Berthor ont intérêt à faire croire ? Nous sommes vaincus dans le présent, Blasius...

— Et votre avenir n'a plus qu'une semaine, seigneur Otto, interrompit encore le bonhomme. Dans huit jours, je n'aurai plus mon noble partner... Jouons, s'il vous plaît, car cela me fend le cœur de songer à votre condamnation !

— Jouons, répéta paisiblement le prisonnier.

Et l'on joua.

Mais un observateur clairvoyant aurait découvert bien vite que maître Blasius jouait tout seul, ou plutôt qu'il y avait entre lui et Otto un autre jeu que le piquet.

De temps en temps un bruit sourdement strident pénétrait jusque dans la chambre ; Blasius alors dressait l'oreille, malgré l'attention qu'il portait à ses cartes ; mais, en ces moments, Otto trouvait toujours moyen de placer un mot intéressant ou une carte importante, et le vieux Blasius, sollicité dans sa curiosité ou menacé dans sa victoire, se reprochait les distractions qu'il avait.

Sa situation pourtant n'était pas moins grave que celle du prisonnier lui-même, car il avait à garder aussi, dans deux autres cellules, les deux autres frères, Frédéric et Goëtz. Il répondait de tous les trois et de chacun d'eux sur sa tête.

Mais les murailles de la prison de Francfort avaient six pieds d'épaisseur et les barreaux de fer des croisées étaient gros comme le bras d'un homme. Cela pouvait donner à un geôlier quelque sécurité.

Blasius marqua ses vingt-trois points, ce qui lui donna la quatrième partie gagnée. On but. On parla un peu de la belle Margarèthe, morte à la fleur de l'âge, et du Fils du Diable, qui courait grand risque d'avoir le même sort. Blasius écoutait sans faire semblant de rien, et guettait ce bruit dont nous avons parlé, mais le bruit, par hasard, faisait trêve maintenant.

Quand le bruit reprit, Otto s'écria gaîment.

— A la cinquième, maître !

— Ecoutez ! fit Blasius.

— La belle ! acheva Otto qui mêla les cartes avec énergie. Vive Dieu ! avez-vous de la corde de pendu, ce soir ? A la partie d'honneur, et voyons si vous me battrez jusqu'au bout !

— A plate couture, seigneur ! J'ai la veine et le savoir-faire... Je voudrais seulement savoir d'où vient ce diable de bruit.

— Quel bruit ? fit Otto ; écoutons, maître !... Je n'entends rien pour ma part.

Le grincement sourd se taisait en effet.

— C'est l'oreille qui me tinte ! murmura le geôlier. On médit de moi quelque part. A la belle, seigneur Otto !

— A la belle, maître Blasius !

Ce fut une savante partie, et la victoire, vaillamment disputée des deux côtés, resta longtemps en suspens ; mais à la fin, maître Blasius essuyant la sueur de son front chauve, marqua le cent cinquantième point et s'écria :

— J'ai gagné !

Otto mit sa main sur la table et répondit gravement :

— Vous vous trompez, mon vieil ami, vous avez perdu.

Comme Blasius le regardait stupéfait, car jusqu'alors le comte Otto n'avait donné aucun signe de folie, trois appels lointains et régulièrement espacés parvinrent jusqu'à son oreille.

— Qu'est cela ? s'écria-t-il en sautant sur ses pieds.

— Je vous l'ai dit, répliqua Otto avec froideur : vous avez perdu.

Blasius prit à la main un des deux pistolets qu'il avait à sa ceinture.

— Pas de diableries, meinherr ! prononça-t-il doucement. Il s'agit de ma peau ; j'y tiens. Si vous me faites du tort, je vous casse la tête comme à un chien ; vous savez ?

Onze heures de nuit sonnèrent au carillon du Rœmer. Le comte Otto répondit :

— Vous avez perdu, maître Blasius, je vous le répète pour la troisième fois. Il n'est plus temps de menacer. Votre vie est entre mes mains.

Le geôlier haussa les épaules et tâcha de rire.

— Répondez-vous oui ou non sur votre tête, demanda Otto, des trois comtes Otto, Frédéric et Goëtz ?

— De tous et de chacun d'eux, repartit Blasius. Après ?

— Le comte Frédéric et le comte Goëtz sont partis, maître Blasius. Le comte Otto va partir.

— Cornes de Satan ! s'écria le vieillard exaspéré, en armant son pistolet ; pour les autres, je ne sais pas, mais pour toi tu en as menti !

Otto avait croisé ses bras sur sa poitrine et le regardait en souriant.

Blasius, se ravisant, jeta son arme et sortit comme un trait pour aller visiter les cellules de Goëtz et de Frédéric. L'instant d'après il revint, pâle et la tête basse.

— J'ai été trop confiant, dit-il, et vous m'avez trahi. Cela est indigne d'un gentilhomme.

Otto n'avait pas bougé pendant cette courte absence. Il se leva seulement alors et, traversant la chambre, il s'approcha de la croisée dont il saisit le maître barreau. Le massif morceau de fer, scié à l'avance, se tordit dans sa main comme si c'eût été une corde de chanvre.

— Vous voyez que j'aurais pu m'échapper, moi aussi, dit-il.

— On va les poursuivre ! s'écria Blasius qui revenait à lui. Ils ne peuvent être loin encore ! Je vais donner mes ordres...

Il s'élançait de nouveau hors de la chambre.

— Restez ! prononça impérieusement Otto.

Comme le vieillard hésitait, il poursuivit :

— Donner des ordres, c'est faire un aveu. Pourquoi vous condamner vous-même ? Vos prisonniers ne sont pas des voleurs. Votre confiance les garrotte mieux qu'une chaîne d'acier. Ils vous ont emprunté leur liberté, ils vous la rendront.

Blasius ne comprenait pas. Otto ajouta :

— Asseyez-vous, écoutez-moi et ne craignez rien.

Le bonhomme obéit comme un automate. Son prisonnier prit place auprès de lui et parla ainsi :

— Il faut huit jours pour que vienne la réponse de l'empereur à la protestation que nous lui avons adressée contre l'arrêt qui nous condamne. D'ici huit jours, nul ne visitera nos cachots. Nous n'avons besoin que de la moitié de ce temps pour accomplir notre dernier devoir sur la terre. Vous souvenez-vous de Gertraud, l'ancienne suivante de ma sœur Margarèthe ?

Blasius fit signe qu'il se souvenait. Otto reprit :

— Nous étions résolus à mourir tranquilles, enveloppés dans notre innocence, comme nos pères, aux champs de Mansourah, moururent enveloppés dans leur foi. Notre sacrifice était fait.

Mais nous avons appris par Gertraud, la mère adoptive du jeune comte Franz, le dernier, le pur rejeton de la race des chevaliers chrétiens, l'héritier unique et légitime du comte Berthor, aîné de notre maison, que notre tâche dans la vie n'était pas achevée.

Les assassins du père veulent assassiner le fils ; il se fait contre un pauvre innocent une ligue formidable et impie, les poignards sont aiguisés, le jour est fixé, les loups ont découvert la retraite de l'agneau : pour les chiens fidèles, c'est l'heure de mordre une dernière fois. Berthor nous appelle ; nous allons défendre Berthor, mais nous reviendrons.

Le vieux Blasius secoua la tête et pensa tout haut :

— Qui donc serait assez fou pour croire cela? L'oiseau envolé ne rentre jamais en cage.

— Il nous faut quatre jours, continua Otto sans s'émouvoir, pour venger ma sœur et délivrer son fils. Le soir du quatrième jour, mes frères, je m'y engage pour eux sous serment, seront rentrés dans leurs cachots, et sous serment je m'engage à prendre contre toi ma revanche à cette table, le soir du quatrième jour.

Blasius hésitait encore. D'un mouvement plus rapide que la foudre, Otto le saisit au corps et le terrassa.

— Je n'ai pas le temps de vaincre tes scrupules, reprit-il. Je t'emprunte ma liberté de force, et rien ne me contraint plus à te promettre de revenir ; mais comme dans quatre jours notre cause sera vaincue sans ressource ou définitivement victorieuse, nous n'avons aucun intérêt à te tromper. Notre œuvre sera terminée, notre tâche accomplie ; vainqueurs, nous serons les maîtres de bien faire ; vaincus, nous apporterons nos têtes catholiques à la hache de Luther, qui règne maintenant sous le nom des rois déshonorés. Nous mourrons comme nous avons vécu : sans reproche et sans peur, répétant la vieille devise des trois croisés : *Qu'importe ?* Donc, Blasius, pauvre homme, ne crains rien, sois seulement discret : que personne n'ait connaissance de notre départ, puisque ce secret est ta vie. Sur la mémoire des trois chevaliers, mes pères, qui moururent aux côtés de saint Louis, tu nous verras ici le quatrième jour. Blasius, je te le jure !

Au lointain, l'appel mystérieux de Frédéric et de Goëtz se fit entendre une seconde fois.

Or c'était de chacun que Blasius répondait sur sa tête. Il avait déjà deux fois mérité la mort, puisque deux prisonniers étaient hors de son pouvoir.

Il était joueur ; il risqua son va-tout, et ce fut sous sa propre houppelande de geôlier que le comte Otto franchit les portes de la prison de Franc-fort.

Le comte Otto.

Franz, semblable à un fou, fondit sur son ennemi qui recula.

V

COLÈRE DE LIONCEAU

Au fin fond de la forêt de Thuringe, dans une contrée sauvage où les chasseurs eux-mêmes ne pénètrent qu'à de rares intervalles, il est un petit vallon riant et charmant, où la Spiel roule son courant argenté.

Cela ne ressemble pas, Lily, à tes vallons civilisés de Créteil. Au bout du sentier qui va vers la rivière en descendant de ta maison si riante, figure-toi, cependant, un bois sauvage dont la lisière festonne une prairie émaillée de fleurs. Entre le bois et la prairie, figure-toi un ruisseau chanteur qu'on passe en sautant de pierre en pierre sur de vieux quartiers de granit.

Figure-toi encore une gracieuse chaumière, jetée au revers du coteau, sous une roche antique, dans une fente de laquelle deux glands égarés ont produit deux chênes bossus, mais vivaces, chevelus et sinistres comme tous les bossus.

Figure-toi cela, petite Lily, et tu verras la pauvre demeure où la comtesse Margarèthe était morte, belle et douce, et résignée à la volonté de Dieu, la maison où Gertraud avait élevé le jeune comte Franz que ses ennemis appelaient le Fils du Diable.

C'est là une ruse grossière, mais qui réussit presque toujours. L'histoire nous montre à toutes les époques ce ténébreux travail des usurpateurs qui ne se contentent pas de dépouiller leur victime, mais qui essaient encore de la déshonorer.

La fidèle Gertraud, que nous vîmes jadis près de Margarèthe au château de Berthor, avait une fille bonne et belle, une blonde enfant de quinze ans, Lisela, qui appelait le jeune comte Franz son frère. Le comte Franz avait dix-huit ans et nommait Gertraud sa mère.

Le comte Franz, en effet, se croyait le fils de Gertraud, car la meilleure manière de sauvegarder l'héritier d'une race vaincue, c'est de lui cacher à lui-même la hauteur de ses destinées jusqu'à l'heure où sa main, affermie par l'âge viril, peut saisir la poignée du glaive.

Le comte Franz était beau : il avait les traits de sa mère, la plus belle des femmes, disait Gertraud, après la sainte Vierge Marie. Il était si bon qu'on ne pouvait le connaître sans l'aimer.

Les gens de la forêt, qui ne savaient point pourtant son illustre origine, lui reprochaient seulement d'être doux comme une jeune fille et d'avoir les timidités de l'autre sexe. Cela va mal à un fils de pauvre, qui doit braconner la nuit dans les halliers et jouer de la hache le jour, au sommet des grands chênes.

Mais Franz était ainsi : la vue d'un étranger le faisait rougir et trembler.

Il vint un jour des étrangers dans la vallée, de nobles seigneurs avec leur suite nombreuse, et leurs équipages de chasse. C'étaient les maîtres du château de Berthor : le baron Reynier, le margrave Albert et le chevalier Noir.

Comme ils passaient, et qu'il y avait peu d'habitations aux alentours, ils entrèrent dans la maison de Gertraud, afin d'y prendre quelques rafraîchissements. Gertraud était veuve. Elle faisait tout dans la maison, gardienne attentive qu'elle était de l'innocente beauté de Lisela.

Aujourd'hui cependant, au grand étonnement de Franz, elle laissa à sa fille le soin de recevoir les seigneurs étrangers et s'éloigna si précipitamment que sa retraite ressemblait presque à une fuite.

C'était la première fois que ses enfants la voyaient se cacher, mais c'est qu'aussi c'était la première fois que venaient dans le pays ces personnages insolents et méchants qui n'auraient pu manquer de la reconnaître pour l'avoir vue jadis au château de Berthor.

Franz n'était pas hardi quand il avait l'aile de sa mère, mais loin de sa mère, Franz était un pauvre enfant si craintif et si aisé à décontenancer qu'on l'eût pris parfois pour un innocent.

La vue de ces inconnus le laissa timide et troublé. Pendant que Lisela les servait de son mieux, il restait immobile dans un coin de la chambre et n'osait pas seulement lever les yeux.

Mais il arriva que l'un des seigneurs, le chevalier Noir, voulut prendre en badinant la main de Lisela. Elle fut effrayée et poussa un cri. Franz leva les yeux. Il vit que le chevalier Noir, loin de s'excuser, aggravait son insulte et poursuivait Lisela. Il joignit les mains comme pour supplier, mais l'éclair de ses yeux démentait déjà l'humilité de son geste.

— Lâchez cette jeune fille, monseigneur ! ordonna-t-il, en marchant à son insu et malgré lui vers le chevalier Noir, qui venait de saisir Lisela.

Celui-ci le regarda et se mit à rire : les autres en firent autant de bon cœur.

Ils se demandaient les uns aux autres :

— Que veut ce petit rustre ?

— Lâchez cette jeune fille ! répéta cependant le fils des comtes, qui était près du chevalier Noir.

La pauvre Lisela disait en se débattant :

— Prends garde, Franz ! ce sont de puissants barons !

Franz n'écoutait pas. Il n'entendait que les rires qui piquaient ses oreilles comme les mille aiguillons d'un essaim de mouches.

Il secoua ses blonds cheveux qui étaient une crinière de lion.

— Lâchez cette jeune fille ! prononça-t-il pour la troisième fois d'une voix éclatante comme un son de cor. Je vous ordonne de respecter ma sœur !

Et les rires se turent subitement, parce que sa main, plus lourde qu'un plomb, était tombée en plein sur la face de l'insulteur de femmes, qui chancela sous le coup et faillit tomber à la renverse.

Le chevalier Noir dégaîna.

Franz, semblable à un fou, et comme si une nouvelle âme fût entrée tout à coup dans son corps, arracha l'épée du margrave Albert et fondit sur son ennemi, qui recula stupéfait.

Ce fut alors que les maîtres du château de Berthor le regardèrent mieux et plus attentivement.

En vain l'aiglon essayerait de se cacher sous le plumage d'un oiseau vulgaire : il a son bec, tranchant comme un glaive, il a son œil qui regarde fixement le soleil.

Le nom de Berthor vint à toutes les lèvres. Chacun avait reconnu le fier profil des comtes, adouci par je ne sais quel charme qui était l'héritage de Margarèthe.

Les seigneurs jetèrent quelques pièces d'argent sur la table et entraînèrent le chevalier Noir dont la prunelle saignait. Dès qu'ils furent partis, Gertraud parut, tout effrayée. Elle s'informa.

— Que s'est-il donc passé ? demanda-t-elle.

La petite Lisela lui rendit compte de tout et conclut en disant :

— Il y a eu un soufflet de donné.

Franz ajouta, rouge de colère encore, et déjà d'orgueil, peut-être :

— Mère, ce n'est pas moi qui l'ai reçu !

Le soir même, Gertraud envoya un message à Francfort, pour apprendre aux trois prisonniers confiés à la garde de Blasius ce qui s'était passé.

« Le lionceau s'est trahi, disait-elle ; les chasseurs reviendront, car ils tiennent la piste. Venez ! après Dieu, je n'ai espérance qu'en vous. »

La chaumière de Gertraud.

Gertraud était étendue sur le sol ; près d'elle, Lisela pleurait.

VI

L'ÉCHELLE HUMAINE

C'était au milieu de la nuit. Le vent d'orage soufflait, arrachant de longues plaintes aux cimes balancées des sapins. Les nuages noirs frangés de gris, couraient en tumulte et passaient sur la lune.

Trois hommes, dont les longs manteaux flottaient au vent de la tempête, couraient plus vite que les nuages, et dévoraient la route solitaire.

Trois hommes, grands comme des héros, montés sur des chevaux ardents et robustes.

Quand la lune donnait, on pouvait voir que les plis de leurs manteaux déroulaient des reflets écarlates.

Ils arrivèrent dans un obscur vallon au fond duquel chantait un courant d'eau invisible. Le pas de leurs chevaux s'étouffa sur l'herbe d'une prairie et les blanches murailles d'une maisonnette apparurent au moment où la lune glissait entre deux nuages.

Ils mirent pied à terre. La porte de la maison était grande ouverte et ce fut avec un serrement de cœur qu'ils en franchirent le seuil.

Voici ce qu'ils virent :

Gertraud était étendue sur le sol, au milieu de la première chambre, avec un coup d'épée sanglant dans la poitrine. Elle avait lutté, la digne et vail-

lante créature : on le voyait bien à ses vêtements en lambeaux et à ses cheveux ravagés.

Auprès d'elle, Lisela s'agenouillait en larmes.

— Où est Franz ? demanda Otto en entrant. Frédéric et Goëtz répétèrent
d'une seule voix :

— Où est Franz ?

La main faible de Gertraud montra le dehors et Lisela dit :

— Ils sont revenus de nuit comme des voleurs...

— Ils l'ont enlevé! s'écria Otto. Combien y a-t-il de temps ?

— Une heure.

— A cheval, mes frères! il faut que nous arrivions avant eux au châ
teau.

Gertraud les retint du geste et fit effort pour murmurer :

— Il y a eu, ce printemps, un éboulement dans les montagnes. La route
est barrée par un abîme.

Elle n'en put dire davantage, mais Lisela comprit le langage de ses yeux,
qui était un ordre de les accompagner.

— Faut-il donc vous abandonner ainsi, mère ! murmura-t-elle.

— Que je les sache dans la bonne route, répliqua Gertraud, et je ne sen-
tirai plus mon mal. Va, chérie, je le veux !

Elle se souvenait bien qu'elle aussi, dix-huit ans auparavant, elle avait
couru la nuit par les chemins déserts pour aller chercher les trois frères de
Margarèthe, ces braves cœurs que jamais on n'appelait en vain.

Les trois frères étaient déjà en selle, Lisela monta derrière Otto et la
course commença.

C'était la petite Lisela qui indiquait la route nouvelle. Aucun des trois
cadets de Berthor ne connaissait les sentiers où galopaient leurs chevaux.

Parfois on côtoyait des abîmes nés d'hier, parfois on dominait des rampes
colossales d'où pendaient encore les arbres couronnés de leurs feuillages
verts.

La montagne avait tressailli ce printemps : ces ruines de la nature étaient toutes neuves et jetaient un déguisement sur le paysage.

Après une heure de marche, on sortit de la forêt pour gravir un coteau, au sommet duquel une masse sombre coupait carrément le ciel. C'était le grand château de Berthor, vieux géant qui avait vu les soldats de Charlemagne. Les trois frères et Lisela pénétrèrent dans le parc en escaladant la clôture ; ils connaissaient cette voie, pratiquée déjà la nuit où l'enfant qu'on nommait le Fils du Diable était né. Mais le parc n'était pas le château. Depuis que les assassins étaient les maîtres, ils avaient remis en état les remparts et creusé de nouvelles douves.

Le chevalier Noir disait souvent que le château de Berthor pourrait, au besoin, se défendre contre la Diète et contre l'empereur, si l'empereur et la Diète avaient la fantaisie de rétablir dans ses domaines le Fils du Diable, ce prétendu héritier des comtes.

Le margrave Albert et le baron Reynier affirmaient du haut de leur orgueil que la place était désormais imprenable.

Mais ceux qui venaient cette nuit avaient à leur écusson trois glaives unis contre une seule épée et, à l'entour, la fière devise de Berthor criait pour eux : QU'IMPORTE?

Qu'importe la douve profonde et qu'importe la haute muraille ? La vaillance a des ailes.

Qu'importe la force criminelle ? On n'avait pas encore pris pour devise en ce pays d'Allemagne : « la force prime le droit ».

Les trois frères, accompagnés de la petite Lisela, qui n'avait point voulu les quitter, firent le tour des murailles, cherchant un point qu'il fût possible d'escalader. Aux lueurs de la lune, ils pouvaient distinguer la sombre silhouette des sentinelles, qui étaient au nombre de quatre et postées sur les quatre maîtresses tours ; ils pouvaient aussi entendre leurs voix qui allaient se répondant à des intervalles réguliers.

C'était le chevalier Noir qui commandait la garnison du château ; il punissait de mort toute sentinelle endormie à son poste, et chacun savait bien que plus d'une fois, dans des rondes nocturnes, il avait exécuté lui-même ce rigoureux arrêt.

Il y avait du sang au poignard de ce farouche soldat encore plus qu'à son épée.

Quand ils eurent fait le tour, les hommes rouges s'arrêtèrent devant le rempart du sud, dont les assises pénétraient dans le roc vif.

La petite Lisela était bien découragée en regardant cette sombre masse de pierre qui semblait inaccessible.

— A l'heure où nous sommes, murmurait-elle, Franz, mon pauvre frère, est peut-être en danger de mort ! Mon Dieu ! mon Dieu ! qui pourrait pénétrer derrière ces murailles !

Puis elle ajoutait, les larmes aux yeux :

— Si nous avions seulement une échelle !

— Nous aurons une échelle, répondit Otto. Franchissons d'abord la douve.

La douve fut franchie à la nage et Lisela passa comme les autres.

Otto avait dit :

— De notre échelle, fillette, tu seras le dernier et le meilleur échelon.

Le roc montait à moitié hauteur des remparts. Jusqu'à l'endroit où le mur commençait, l'ascension était malaisée, mais non pas impossible ; les trois frères l'exécutèrent sans bruit, traînant la jeune fille après eux.

Ils se trouvèrent bientôt réunis sur la marge étroite, au lieu où la première pierre de taille s'enclavait dans le roc. Le mur à pic s'élevait encore à plus de vingt pieds au-dessus de leurs têtes, à cet endroit.

Ils étaient robustes tous les trois, mais Goëtz surtout avait la carrure et la vigueur d'un taureau. Otto, dont chacun suivait la volonté, le plaça debout contre le mur et ordonna à Frédéric de grimper sur ses épaules.

L'entreprise était déjà difficile, car les talons de Goëtz dépassaient le rebord du précipice qui s'ouvrait au-dessous d'eux ; mais bien plus difficile encore était la tâche d'Otto lui-même, chargé de grimper le long du corps de ses deux frères et d'atteindre les épaules de Frédéric afin de s'y tenir debout.

Il le fit pourtant, et quand il l'eut fait, l'échelle humaine avait trois échelons.

Otto leva ses bras.

Il s'en fallait encore de plusieurs pieds pour qu'il pût atteindre les créneaux.

— Au dernier échelon ! ordonna-t-il tout bas à Lisela, qui restait sur la saillie du roc en attendant ce signal.

Lisela était une fille de la forêt. Elle avait appris dans la montagne à regarder le vide au-dessous d'elle et le vertige n'avait pas de prise sur son cerveau. Lisela savait gravir les pentes les plus escarpées et marcher librement sur la lèvre des précipices. Elle obéit sans hésiter à l'ordre d'Otto ; elle s'accrocha aux vêtements de Goëtz et monta d'épaules en épaules, légère comme l'écureuil qui décrit sa légère spirale autour du tronc écailleux des grands pins.

Sous ce triple poids, Goëtz resta ferme comme le roc où s'appuyaient ses pieds.

Mais au moment où Lisela, parvenue à son but, laissait échapper malgré elle une exclamation de triomphe, Otto lui imposa brusquement silence. Les sentinelles venaient d'échanger leur périodique memento. Un pas sourd et mesuré sonnait sur les dalles de la plate-forme. C'était une ronde de nuit qui passait.

L'échelle humaine resta immobile et muette.

— Johann, dit le chef de la patrouille, qui était le chevalier Noir en personne, la vigie de la tour de l'ouest a signalé des pas de chevaux dans la campagne. Que la garnison fasse son devoir cette nuit ; la nuit prochaine, tout le monde aura du bon temps, car le destin de cet imposteur, le Fils du Diable, sera réglé avant le jour. Au lever du soleil, il ne sera plus qu'un peu de chair morte dans une tombe !

Tu aurais senti, Lily, à ces paroles, tous les degrés de l'escalier vivant qui tressaillaient et tremblaient.

— Double garde à toutes les poternes et à toutes les portes, ajouta le chevalier Noir. Passez la nuit à boire plutôt que de dormir : le vin ne vous manquera pas. Demain, votre besogne sera finie et désormais vous dormirez dans votre lit comme des seigneurs.

Le bruit des pas allait s'éloignant. La ronde avait tourné l'angle de la prochaine courtine.

— Accrochez-vous aux créneaux ! commanda Otto à Lisela.

La jeune fille leva les bras, mais ce fut en vain.

— Je ne peux pas ! répondit-elle.

— Combien s'en manque-t-il ?

— Un pied.

— Dresse-toi, Goëtz ! dresse-toi, Frédéric !

Ils se dressèrent de toute la puissance de leurs muscles, Otto comme les autres.

L'échelle humaine s'allongea de six pouces.

— Et maintenant ? demanda Otto à Lisela.

— Je ne peux pas encore.

Otto détacha ses mains du mur où il se tenait collé. Lisela le sentit osciller sous elle, mais elle n'eut pas peur.

— Tiens ferme, Frédéric ! Goëtz, tiens ferme ! ordonna Otto. Et priez Dieu que le pied ne vous manque pas !

Il prit sur ses épaules les brodequins mignons de Lisela, puis, déployant la vigueur de ses muscles, il la haussa des deux mains à la force des bras.

Il y eut un instant d'attente terrible.

— J'ai le créneau ! dit l'enfant, je le tiens !

— Grimpez !

Lisela monta et fut en un clin d'œil sur le rempart désert.

— Jetez-moi votre écharpe ! ordonna encore Otto.

A l'écharpe il attacha le bout d'une corde roulée autour de sa ceinture.

Lisela, qui n'avait pas lâché l'autre bout de son écharpe, attira la corde et la fixa solidement au lourd affût d'un fauconneau. C'était bien plus qu'il n'en fallait. Une minute après, les trois frères, agenouillés sur la dalle humide et la tête découverte, rendaient grâces à Dieu.

On pouvait doubler la garde des poternes et verser du vin aux mercenaires.

Les vengeurs étaient dans le château de Berthor.

La tour du château de Berthor.

Les meurtriers descendirent dans le souterrain.

VII

Une fois dans le château, les trois frères étaient chez eux : ils savaient comment se conduire, et aucun des nombreux méandres de la vaste forteresse ne leur était inconnu. Ils furent pourtant plus d'une heure avant de trouver ce qu'ils cherchaient, et ce fut la petite Lisela qui découvrit la trace de Franz, son frère bien-aimé.

Dans l'escalier privé qui menait aux anciens appartements de Margarèthe, Lisela sentit entre son pied et la dalle un objet rond comme un grain de maïs, puis un autre, puis un autre encore. Elle se baissa ; il faisait en ce lieu une nuit profonde ; au tact, Lisela reconnut les perles du collier d'acier taillé qui attachait la croix bénite au cou de son frère.

Elle dit :

— Nous sommes sur la route par où Franz a passé. J'en réponds !

L'escalier conduisait par en haut à l'ancienne chambre de la comtesse, où les trois hommes rouges avaient protégé jadis le berceau du fils nouveau né du comte Berthor ; par en bas, l'escalier conduisait à l'église souterraine servant de sépulture aux comtes. Otto, qui déjà montait, s'arrêta, réfléchit, puis changea de direction et descendit les degrés menant aux caveaux.

Là, une lampe funèbre, suspendue à la voûte, brûlait nuit et jour, éclairant de ses lueurs vacillantes les arceaux gothiques et la longue perspective des tombes.

Au centre du souterrain, et juste sous la lampe, il y avait une dalle de marbre noir, portant un anneau de fer et sur laquelle étaient gravées des lettres romanes, à demi effacées par le temps. On disait que cette dalle recouvrait un trou sans fond, où les comtes précipitaient jadis les condamnés de leur justice et bien souvent aussi leurs ennemis innocents. Cela s'appelait les oubliettes de Berthor ; jamais on ne soulevait la dalle parce que, selon la tradition du pays, la dalle soulevée eût donné issue à des cris effroyables, qui étaient les plaintes des victimes mortes sans confession.

En Allemagne, pays d'ossements et de mensonges funèbres, on est très friand de ces histoires d'oubliettes.

A partir de la pierre centrale jusqu'aux premières tombes, il y avait une place assez large qui était vide, puis les sépulcres s'alignaient par rangs de dates ; les plus anciens s'approchant davantage de la lumière, les plus nouveaux se perdant au loin parmi l'ombre.

La place du centre était octogone et les tombes formaient huit rues à l'entour.

La rue qui allait vers l'occident commençait par le miraculeux tombeau des trois chevaliers croisés, morts aux côtés de saint Louis dans les champs de Mansourah, et finissait par le mausolée du dernier comte Berthor, assassiné par ceux qui étaient maintenant les maîtres du château.

En entrant dans la chapelle funéraire, Lisela dit :

— Je sens aux battements de mon cœur que Franz, mon frère chéri, est ici.

Un gémissement inarticulé lui répondit.

Elle s'élança et poussa un cri qui appela ses trois compagnons.

Franz, garrotté et bâillonné, était couché sur la terre humide, au pied du tombeau des trois chevaliers, que la tradition nommait les trois Hommes Rouges.

Pendant cela, les meurtriers du dernier comte, fatigués de leur expédition nocturne, car c'étaient eux-mêmes qui avaient enlevé le prétendu Fils du Diable à la maisonnette de Gertraud, faisaient orgie encore une fois dans la grande salle du château.

Le vin coulait joyeusement pour fêter, comme ils disaient, la fin de l'histoire.

Après le dessert, en effet, on devait descendre au fond des caveaux et soulever la pierre de l'oubliette pour y précipiter l'imposteur ; on savait que les trois cadets de Berthor étaient sous les verrous de la prison de Francfort ; Dieu merci, prison et verrous étaient solides : personne ne devait, cette fois, se mettre entre le glaive du chevalier Noir et sa victime.

En admettant même, par impossible, qu'un défenseur surgît, on n'avait rien à craindre. Cinquante mercenaires, sans foi ni loi, formaient la garnison du château : malheur à l'imprudent qui voudrait troubler l'exécution de l'arrêt !

Une heure avant le lever du jour, on cessa de boire, la garnison fut appelée et les six meurtriers du vieux comte descendirent en force dans le souterrain.

En comptant les maîtres, ils étaient là plus de cinquante hommes d'armes contre un pauvre enfant garrotté.

Les maîtres allaient en avant.

Comme ils arrivaient au bas des degrés, le froid de ces voûtes les saisit, et ils firent avancer les torches, parce qu'ils avaient peur de l'obscurité.

Parmi les soldats, il y en avait qui frissonnaient et qui tout bas disaient :

— Cinquante épées ne sont rien si les trois Hommes Rouges sortent de leurs cercueils !

— Taisez-vous, poltrons ! leur cria le chevalier Noir.

Le chevalier Noir marchait seul.

Au moment où il atteignit le centre des caveaux, vers cette place octogone dont le milieu était occupé par la dalle de marbre, l'éclat rougeâtre des torches vint à frapper le mausolée des trois croisés.

Leurs statues n'étaient point couchées, selon la mode commune, sur leur tombeau; on les avait représentés comme ils étaient morts : debout et le glaive à la main.

Le reflet des torches sembla teindre en rouge les trois chevaliers de pierre et tirer de leurs épées ces étincelles qui sortent seulement de l'acier.

Le juif Moïse, l'ancien procureur Zacharie et le docteur sorcier Mira eurent tous les trois la chair de poule et se cachèrent de leur mieux derrière le margrave et le baron Reynier, qui ne purent s'empêcher de ralentir le pas.

Le chevalier Noir continua sa route.

Il saisit l'anneau de fer scellé dans la dalle et souleva d'un seul effort l'énorme pierre.

— Haut les torches! ordonna-t-il.

Les soldats obéirent : on ne vit qu'un trou béant, au fond duquel l'eau d'un torrent souterrain mugissait.

— Voici la place faite, dit le chevalier Noir.

— Pour quoi? demanda près de lui une voix dont l'accent sépulcral le fit tressaillir.

Il se retourna. Un vieillard au visage hâve, entouré de grands cheveux blancs épars, était auprès de lui.

Chacun avait déjà reconnu le vieux chapelain de Berthor, que les assassins avaient laissé vivre parce qu'il était fou et qu'il passait dans le pays pour avoir le don de prophétie.

Les spoliateurs n'avaient pas peur de celui-là, car il était déjà vieux du temps des noces de Margarèthe. On disait qu'il avait près de cent ans.

— D'où sors-tu, misérable insensé? lui demanda le margrave.

— Qu'importe? répondit le chapelain.

Et le long des voûtes mystérieuses, un vague écho, qui semblait fait de plusieurs voix, répéta la devise des comtes : *Qu'importe?*

Ce fut une chose étrange. Ceux qui racontent cette légende, dans la forêt de Thuringe, disent que le bruit se promena d'arceaux en arceaux pendant cinq minutes tout entières, et que chaque tombe murmura tour à tour la fière question du premier Berthor :

— Qu'importe? qu'importe? qu'importe?

— Prêtre ! s'écria le chevalier Noir écumant de rage, est-ce ainsi que tu réponds à ton seigneur?

Il leva son épée, qui retomba lourdement sur le crâne du vieillard ; mais il n'y eut point de choc. L'épée ne rencontra rien, traversa le corps du haut en bas, comme si c'eût été un brouillard, et vint rebondir contre la dalle qui rendit une gerbe de feu.

Le chapelain eut un sourire terrible.

— Devines-tu maintenant d'où je sors ? prononça-t-il avec une effrayante ironie.

Puis, se faisant grave tout à coup, il ajouta :

— Je viens du lieu où jamais tu n'iras. Hier au soir, j'ai rendu mon âme au Seigneur, et ma dépouille mortelle, qui n'a pas encore de sépulture, est couchée sur le lit de cendre de mon ermitage. Repens-toi. Repentez-vous, l'heure est sonnée ; repentez-vous, la place est faite ; repentez-vous, la place est assez large pour tous les meurtriers du comte Berthor !

Il leva sa main étendue vers la voûte. Un nuage blanc passait dans la nuit. C'était comme une âme qui volait. Plus d'un reconnut dans cette vision le pâle et doux visage de Margarèthe.

Puis tout disparut, la vision et le prêtre.

Les mercenaires avaient froid jusque dans la moelle de leurs os.

— Éloignons-nous, balbutia le juif Moïse au travers de ses dents qui claquaient.

— Mort et sang ! s'écria le chevalier Noir, le premier qui parle de fuir, je le tue ! Honte sur vous si vous avez frayeur de ces jongleries ! Le diable défend son fils ; ne fallait-il pas s'attendre à cela? Mais le diable ne peut rien contre moi, qui suis aussi noir que lui. Le Fils du Diable est là, sur le tombeau des trois Hommes Rouges; c'est nous qui l'y avons jeté comme un paquet inerte, c'est nous qui l'avons garrotté. Il est condamné à mort par notre justice, que l'arrêt soit exécuté ! Hommes d'armes, à votre devoir et haut les torches !

— Haut les torches ! répéta une voix tonnante qui fit résonner les voûtes. Hommes d'armes, à votre devoir !

En même temps, les statues des trois chevaliers croisés s'animèrent, agitant les plis de leurs longs manteaux d'écarlate.

Et au milieu d'eux parut le fils de Margarèthe, tout semblable à la douce vision qui venait de traverser la nuit des souterrains. Il n'était ni bâillonné, ni garrotté ; ses cheveux blonds tombaient en riches anneaux sur ses épaules et une épée nue brillait dans sa main.

— Chargez ! vociféra le chevalier Noir, nous les aurons tous du même coup, les loups et le louveteau. Ne reconnaissez-vous pas les trois Berthor, prisonniers d'État qui ont rompu leur chaîne ? Au nom de l'empereur, soutenez la loi, Allemands fidèles. Sus aux traîtres ! Chargez, soldats ! Pas de quartier !

Et il s'élança le premier.

D'un revers d'épée, Otto le rejeta à dix pas. Puis il dit, au lieu de frapper les mercenaires qui, de tous côtés, le menaçaient déjà :

— Arrêtez ! au nom du Saint Vehmé !

C'était jadis le nom bien connu, le nom redouté dans l'Allemagne entière, que les membres des tribunaux secrets donnaient à leur mystique puissance. Quelques historiens l'appellent la Sainte Vehme.

L'Église, qui seule a droit de proclamer la sainteté, ne reconnaissait ni ce saint ni cette sainte.

Plus tard et après la révolte de Luther, ce fut le nom particulier des Rosenkreutz, restés fidèles à la foi catholique.

— Y a-t-il ici des frères de la Rose et de la Croix ? demanda Otto.

— Oui, maître, répondirent plusieurs voix.

D'autres ajoutèrent :

— Montrez le glaive !

Otto entr'ouvrit les plis rouges de son manteau. Sur son justaucorps de velours noir, une épée flamboyante et un quintefeuille étaient brodés en fils d'argent.

L'association mystérieuse était encore, malgré des dissensions intérieures, un arbre immense, dont la cime invisible dominait les trônes, et dont les racines se perdaient dans les plus bas niveaux de la foule. Il y avait des affiliés partout : dans le conseil des princes, dans les cours de parlement, sous la tente des capitaines, dans les chaumières des villageois, dans les cavernes des bandits.

Elle commit beaucoup d'excès ; elle accomplit quelques actes de réparation. La fameuse loi du Lynch, qui existe encore en Amérique, en est comme un sauvage reflet. Il fallait lui obéir sous peine de mort ; car l'absolutisme et l'arbitraire furent de tous temps la double loi des sociétés secrètes dont le programme menteur fait sonner si haut les noms de la justice et de la liberté.

Dix épées se rangèrent autour d'Otto : c'étaient les meilleures, celles qui défendaient encore une loi et une foi.

Et quand Otto déplia un parchemin, revêtu du sceau du Saint Vehmé, portant la Rose et la Croix, tout le monde se découvrit, même les assassins

— Au nom du Père, du Fils et du Saint-Esprit, lut-il à haute voix, le franc-tribunal de la forêt de Thuringe a déclaré le margrave Albert Schwartz, le baron Reynier de Berg, Hans Arnim, dit le chevalier Noir, Moïse Geld, Zacharie Mesmer et le docteur Mira, coupables d'avoir mis à mort par trahison le dernier comte de Berthor, et, pour ce, les condamne tous les six à périr par la corde et le poignard.

— Je suis libre justicier tout comme toi ! s'écria le chevalier Noir, et de plus que toi j'appartiens à l'Église réformée qui te condamne. Viens donc exécuter l'arrêt de ton faux tribunal, je te défie. Nous sommes encore trois pour un contre toi. Amis ! sus à l'imposteur ! Celui qui le couchera par terre aura son pesant d'or !

Vingt glaives brillèrent autour de la poitrine de Franz ; mais son épée décrivit un cercle d'étincelles, tandis qu'il criait, ivre des joies de la première bataille :

— Qu'importe !

Ce fut lui qui terrassa le chevalier Noir.

Le combat ne dura pas longtemps ; Otto, Frédéric et Goëtz valaient chacun dix hommes. Au bout de quelques minutes, la dalle qui masquait le centre des sépultures retombait sur les cadavres des six assassins, et Franz, proclamé comte Berthor, s'asseyait en maître sur le trône de son père.

Franz, garrotté, était couché sur la terre humide.

Jetez-moi votre écharpe.

VIII

L'ÉCHAFAUD

Il y avait maintenant quatre jours qu'Otto, Frédéric et Goëtz, fidèles à la parole donnée, s'étaient remis entre les mains de maître Blasius, geôlier de la prison de Francfort. Maître Blasius, émerveillé, portait aux nues la loyauté des trois frères ; mais il avait fait placer des barreaux neufs à leurs croisées et redoublait de surveillance. Il répondait d'eux sur sa tête, et tenait à sa tête singulièrement, quoiqu'elle eût désormais plus de rides que de cheveux.

Les parties de piquet avaient repris, mais l'honnête Blasius ne jouait plus que d'un œil et surveillait, tout en marquant ses points.

Le soir du cinquième jour, ce qui en faisait huit depuis l'évasion des trois cadets de Berthor, maître Blasius dit à Otto après la partie de piquet achevée :

— Comte, je n'ai pas voulu vous parler de cela en arrivant, parce que vous auriez eu des distractions au jeu ; mais nous avons fait notre dernier cent de piquet. L'échafaud est commandé pour demain matin.

— A la volonté de Dieu, mon vieil ami, répondit Otto. Je suis prêt.

Et ils se séparèrent.

Maître Blasius, admirant de tout son cœur cette tranquillité, passa néanmoins la nuit à faire des rondes. Chaque fois qu'il mettait l'œil à la serrure de l'un des trois frères, il entendait ronfler.

— Voilà des coupables qui dorment bien, pensa-t-il, et je souhaite un semblable sommeil à tous les innocents de la ville libre de Francfort.

On fut obligé de les éveiller pour les préparatifs de l'exécution. Ils n'avaient seulement pas entendu le bruit des maillets, pendant qu'on dressait l'échafaud. Tous les trois, cependant, prirent le temps de faire leur prière.

L'échafaud était dressé en face du Rœmer, et la foule se pressait si compacte autour de ce lugubre théâtre, qu'une aiguille ne fût pas tombée à terre. La garde marchande était rangée, en armes, autour de l'appareil du supplice, et le corps des musiciens de l'échevinage jouait un menuet en attendant le lever du rideau.

Le rideau se leva. Les trois frères, enveloppés dans leurs manteaux rouges, parurent sur l'estrade où l'exécuteur les attendait avec sa hache, emmanchée de long : un beau bourreau et une belle hache !

A l'aspect des trois frères la foule s'agita comme une mer, et il y eut un long murmure d'admiration. On les trouvait si nobles et si vaillants ! Il y avait tant d'intrépidité dans leurs sourires !

Mais, je l'ai dit, ce grand vieux arbre allemand, la Société Secrète, quelque soit le nom qu'on lui donne, tronc immense dont les racines descendaient si bas, avait des branches hautes qui passaient par-dessus la tête couronnée de l'empereur d'Allemagne. Au moment où les trois frères montaient sur la plate-forme, un bruit de fanfare se fit entendre à l'autre bout de la place, où un corps de chevaliers pénétrait avec fracas.

A la tête des chevaliers marchait un beau jeune homme, dont le casque portait le cimier des comtes et dont l'écu resplendissant jetait au destin cette question ou ce défi : *Qu'importe ?*

Celui-là était le comte Franz Berthor, et bien osé qui l'eût appelé alors

le Fils du Diable ! Il tenait à la main la grâce de ses oncles, signée par Sa
Majesté l'Empereur.

Les amateurs de têtes coupées furent désappointés. Qu'importe ? dirai-
je aussi. Une autre fois mieux. Dans la ville libre, l'échafaud ne manquait
pas d'ouvrage.

Les trompettes se turent. Un chancelier qui accompagnait Franz lut à
haute voix la volonté de l'Empereur, et Franz profita, dit-on, de la bonne
occasion pour inviter tous ceux qui étaient présents à ses noces. Cela remit
en gaîté la foule. Elle porta en triomphe les trois Hommes Rouges, y
compris leurs têtes, qu'elle avait espéré voir dans les paniers.

Elle n'est pas méchante, au fond, la foule, ni bonne non plus. Elle est
la foule. Ne la détestez pas ; méfiez-vous d'elle.

Te souviens-tu, Lily, des noces du vieux comte Berthor avec la blonde
Margarèthe ? Celles de Franz furent dix fois plus magnifiques encore. Sa
fiancée n'était pas de race noble ; mais il avait de la richesse et de la noblesse pour deux, et Lisela fut la plus belle comtesse qu'on vit jamais
entre le Rhin et l'Elbe.

A ceux qui lui reprochèrent de s'être mésallié en épousant la fille de sa
bienfaitrice, l'ancien Fils du Diable montra sa devise : Qu'importe ? Et les
mécontents furent obligés de se contenter de cela.

Ton père est un homme très savant qui lit beaucoup de journaux ; peut-
être trouverait-il dans son sac quelque autre histoire où une société secrète
fut bonne à quelque chose : moi, je n'ai jamais ouï parler que de celle-ci.
Bonsoir, chérie.

Blasius le geôlier.

UN MYSTÈRE DE PARIS

Le charmeur d'oiseaux.

A PAUL

I

LE CHARMEUR D'OISEAUX

Mon filleul, tu ne vas plus aux Tuileries, tant mieux pour toi. Il est préférable d'avoir un grand jardin à soi pour jouer derrière une bonne grille bien fermée, avec les camarades du voisinage. Aux Tuileries, il arrive des choses... mais tu vas voir !

Il y a, en face du jardin du château, deux parterres qui sont aux moineaux, aux pigeons et à un monsieur en chapeau gris et en redingote rousse, qui doit avoir été oiseau jadis, j'en suis sûr. Ce petit homme est l'ami intime des oiseaux ; les oiseaux et lui se connaissent.

Il apporte de la mie de pain plein les poches de sa redingote rousse et, la canne sous le bras, il sert le dîner des oiseaux.

C'est charmant à voir. Les gros pigeons et les petits pierrots arrivent en foule dès qu'ils aperçoivent seulement son chapeau gris, ils font leurs grâces, ils le saluent de leurs coups d'ailes et de leurs chansons.

Voilà un petit homme aimé !

Les ramiers donneraient pour lui toute la population de Paris, et volontiers les moineaux lui dresseraient une statue. Cela ferait au moins un Français parmi tant de Grecs et tant de Romains qui brisent leurs chaînes, soignent leurs plaies, avalent des serpents ou se poignardent pour la plus grande joie des promeneurs parisiens, au noble jardin des Tuileries.

Mais, hélas ! est-il une gloire durable en ce bas monde ? Paris est infesté d'une maladie qui se nomme l'imitation. Qu'un honnête homme écrive un bon livre, aussitôt un malheureux prend ce bon livre pour en faire un mauvais, et les innocents d'applaudir ! Si j'étais Grand Turc en France, j'empalerais tout uniment ces nigauds d'imitateurs, teignes rongeuses qui se nourrissent de l'invention des forts et spéculent effrontément sur ce fait avéré que le vulgaire ne défend jamais l'original contre la copie.

Notre petit monsieur a fait école.

Un imitateur est venu, presque un original, tant il est hardi d'imiter le premier ; puis ce premier imitateur a engendré plusieurs copies, lesquelles se sont multipliées en une quantité révoltante d'épreuves grossières et sans valeur.

Les moineaux et les pigeons sont le vulgaire : ils prennent de toute main, quoiqu'ils n'accordent pas à tous le même degré de faveur.

Les pigeons et les moineaux ont eu plus d'une fois l'infamie d'aller aux maladroites copies en présence même de l'original indigné. Honte aux oiseaux, ingrats comme des hommes !

Il a du cœur le petit homme. Il ne revient plus qu'à de longs intervalles pour jeter un regard de mépris sur les oiseaux sans discernement qui l'ont offensé et sur les rivaux sans gloire qui lui ont volé son idée, pour la mettre en pratique sans talent.

C'était il y a longtemps, alors que le petit homme était dans tout son lustre.

Louis-Philippe régnait. Les Tuileries, que nul ne songeait à embellir, n'avaient pas encore cédé leur vogue aux Champs-Élysées.

Tous les jolis enfants de Paris venaient sauter à la corde autour de la Diane chasseresse et un autre homme célèbre, le fameux *ami des enfants*, donnait des leçons de danse gratuites sous le bosquet.

C'était plaisir de voir le jardin des Tuileries à cette époque. Aucun des changements qui ont altéré si tristement sa physionomie n'avait eu lieu. En dedans et en dehors des parterres, c'était une moisson de fleurs sans cesse renouvelées, qui végétaient ici et qui là souriaient et vivaient.

La plus jolie parmi ce troupeau de fillettes, et c'est beaucoup dire, était sans conteste la petite Rose Sicard, fille d'un haut employé du château, qui venait là tous les jours, à deux heures, avec sa bonne, une forte Normande habillée en dame et portant les vieux chapeaux de sa maîtresse.

Rosette avait tout au plus trois ans et déjà on la remarquait comme une petite merveille. Elle commençait à *entrer* dans la corde à l'envers comme à l'endroit, elle était élégante comme une poupée de chez Giroux, et polie, il fallait voir ! On l'avait stylée à envoyer des baisers à tout le monde, comme si elle eût été la fille d'un roi.

Sa mère n'avait qu'elle. Je n'ai pas besoin d'ajouter qu'elle était l'idole de sa mère.

Quant à la Normande, c'était une très bonne fille à qui les anciens chapeaux de Mme Sicard allaient fort mal. Elle eût été mieux sous le bonnet de coton de Vire ou de Caen. Elle s'ennuyait aux Tuileries parce que les autres bonnes se moquaient un peu de son accent et de ses chapeaux. Pour les désennuyer, elle causait volontiers avec un caporal, son fiancé, qui lui disait qu'elle était censément la plus aimable Normande de Paris.

On ne sait pas, on ne saura jamais combien l'urbanité de l'armée française nuit à la garde des enfants qu'on envoie prendre l'air aux Tuileries.

La Normande s'appelait Fanchon. Le caporal avait nom Brunet. Brunet devait épouser Fanchon dès qu'il aurait son congé et une position. Il n'avait plus que deux ans à faire et comptait entreprendre quelque chose de bon.

Tous les chemins de la vie sont ouverts aux anciens caporaux, mais il faut choisir.

Fanchon et Brunet passaient de longues heures à choisir, et quand ils choisissaient, plantés tous deux vis-à-vis l'un de l'autre au milieu d'une allée, Brunet caressant les poils jaunes de ses moustaches, Fanchon faisant tourner entre ses doigts le cerceau de Rosette, le ciel serait tombé sur leurs têtes sans les distraire de leur acharné travail.

On peut se faire cloutier, cocher, remouleur, portier ; on peut vendre des *morceaux* au Temple ou des gaufres à la promenade ; on peut tenir un commerce de vins ; et que Fanchon aurait bien fait dans un comptoir, avec le bonnet à rubans rouges ! on peut débiter du tabac et faire des ménages, colporter les fruits des quatre saisons, détailler le charbon, le bois et les pommes de pin : Dieu merci, ce ne sont pas les emplois qui manquent aux anciens caporaux !

— Mais que ferons-nous ? Il faut pourtant savoir.

Fanchon et Brunet éprouvaient un attrait indescriptible à s'adresser mutuellement cette question pendant toute l'après-dînée. Quand cinq heures sonnaient à l'horloge jalouse, ils se quittaient en soupirant et se donnaient rendez-vous pour le lendemain, afin de recommencer à choisir.

Il faudrait être bien méchant, pour blâmer ces entretiens utiles et innocents. Néanmoins, la Normande avait bien recommandé à Rosette de ne

jamais parler de Brunet à Mme Sicard, parce que les maîtres, c'est si drôle !
Et Rosette, avec cette discrétion commune à presque tous les enfants, n'ouvrait jamais la bouche de Brunet.

Il faut que les mères comptent là-dessus et surveillent en conséquence.

Un jour que Brunet et Fanchon, promenant leurs ambitions à l'ombre
des tilleuls, montaient une boutique de laitage, modeste d'abord, mais qui
s'agrandissait d'année en année et devenait la première de Paris, la petite
Rosette vint chercher son cerceau et se mit à courir.

C'était fête dans les parterres. L'homme au chapeau gris et à la redingote rousse hébergeait ses oiseaux. Rosette arriva jusqu'à la balustrade par
hasard. Rien ne l'amusait comme d'assister au repas des pierrots et des
ramiers. Elle se mit à regarder par les petits trous du grillage, et chaque
fois qu'un gros pigeon venait se poser sur l'épaule du charmeur, elle pous-
sait des cris de triomphe.

Parmi les nombreux spectateurs qui se divertissaient de cette scène,
et je t'affirme, Paul, que le charmeur est fort amusant à voir, il y avait
un pauvre diable, habillé en ouvrier endimanché, porteur d'une excel-
lente figure et tout occupé, en apparence, à contempler les prouesses
du petit homme. Un des moindres défauts de Brunet le caporal, c'est
d'habituer les enfants à aller avec tout le monde. Fanchon, en effet,
dresse son petit chéri ou sa petite chérie à regarder Brunet comme le
modèle accompli des messieurs comme il faut ; il en résulte que l'élève
de Fanchon, sans prendre pour cela de très belles manières, s'ap-
privoise avec tous les messieurs qui ressemblent de près ou de loin à
Brunet.

Or, sauf l'uniforme, le pauvre diable d'ouvrier endimanché était un
Brunet : encore plus naïf et meilleur garçon que Brunet.

Il regardait la petite Rose du coin de l'œil. Que lui voulait-il ? Personne n'aurait pu le dire, car il ne semblait pas homme à lui prendre
la jolie croix d'or qu'elle avait au cou. Et cependant l'expression de son
regard eût fait peur à la mère.

Mais la mère n'était pas là et la bonne demandait à Brunet si on ne pourrait pas vendre aussi des œufs frais avec le laitage, « à la boutique ».

Il n'y a pas de trappes aux Tuileries. Pas de danger que les enfants tombent à la cave ! Fanchon disait souvent cela. Ah ! cette Fanchon !

Un très bon moyen d'approcher les enfants, c'est d'entrer dans leur fantaisie du moment. Le pauvre diable le savait peut-être. Il y en a qui sont des observateurs.

Chaque fois que Rosette riait, le pauvre diable se mit à rire plus fort qu'elle. Rosette le regarda.

Il lui fit alors un petit signe de tête discret et tira de sa poche un morceau de gâteau qui n'était pas des plus appétissants ni des plus propres.

Mais les enfants, même les enfants des riches, ne sont pas difficiles, quand il s'agit de friandises.

Ce n'était pas aux oiseaux que le pauvre jetait ses miettes. Il rompit le gâteau et en offrit à Rose le côté le plus frais. Rose grignotta et jeta des miettes aux moineaux pour faire comme le charmeur au chapeau gris.

Mais elle était si basse sur ses petites jambes qu'elle ne pouvait bien voir où ses miettes portaient. L'ouvrier endimanché l'enleva dans ses bras. Pour le coup, Rose voyait comme une grande personne.

Elle fut enchantée.

Brunet lui faisait parfois de ces galanteries, mais pas souvent, parce qu'il faut causer du futur commerce sans distractions. Fanchon n'entend point qu'on s'occupe trop de l'enfant, cela perd du temps. On n'est pas là pour amuser le « môme ».

Quand le complaisant pauvre diable eut Rose dans les bras, il la promena tout autour du chapeau gris, puis il dit :

— Il y en a un autre qui est bien plus fort ! il met tous les oiseaux dans sa poche.

— Je veux le voir, répliqua immédiatement Rosette.

Le pauvre diable se mit en marche vers la grille de la rue des Pyra
mides.

— Où vas-tu? demanda Rosette.

— Voir l'autre... C'est tout près; tout près.

Rose songea pour la première fois à sa bonne, mais ce fut pour craindre
qu'elle ne vînt l'empêcher de *voir l'autre*.

— Va vite, dit-elle.

Le pauvre diable se hâta.

Il passa la grille. Le factionnaire le regarda avec quelque soupçon,
mais il n'avait ni blouse ni casquette. Le factionnaire ne pouvait l'arrêter [1].

— Sommes-nous arrivés? demanda encore Rosette.

— C'est tout près, tout près, répondit le pauvre diable.

— Et il les met dans sa poche, l'autre?

— Sans leur faire du mal... Tu vas voir !

Ils tournaient déjà l'angle de la rue Saint-Honoré.

Le pauvre diable était un peu pâle et semblait mal à l'aise. Il s'engagea
dans le passage Saint-Roch et arriva à la porte d'une maison de pauvre
apparence.

— C'est laid, ici, dit l'enfant qui voulut reculer.

— Tu vas voir ! tu vas voir !

Ils étaient dans l'allée noire et fétide. Le pauvre diable endimanché
respira largement. Rosette poussa un cri, car la peur était venue en
même temps que l'obscurité. La main de son conducteur lui bâillonna
la bouche et il monta l'escalier quatre à quatre, en la tenant comme un
paquet.

Au sixième étage, il ouvrit une porte d'un coup de pied. Derrière la
porte, c'était un taudis sale où deux enfants et une femme déguenillés
étaient réunis.

1. Il y avait défense d'entrer dans le jardin, vêtu d'une blouse ou coiffé d'une casquette.

— Voilà pour remplacer la Fanfiche, dit le pauvre diable en entrant. J'ai pris la plus jolie. Pas gêné, le fils Coulon! ni vu ni connu, j'embrouille! Je vas au marché sans monnaie et j'enlève ce qu'il y a de meilleur!

Fauchon et Brunet.

Voilà pour remplacer la Fanfiche, dit le pauvre diable en entrant.

II

LES DÉSOSSÉS

Oh ! ce sont des cris, quand Fanchon a perdu son « chéri ». Elle accuse la terre entière en baignant son tablier d'un torrent de larmes. Il n'y a qu'elle d'innocente au monde ! Les hommes ont conspiré avec les éléments pour la tromper. Les autres bonnes ne pouvaient-elles voir que son enfant s'en allait ! Les gardiens ne sont-ils pas là pour veiller ? Et les promeneurs ! que font-ils de leurs dix doigts, les fainéants ? Ne devaient-ils pas bien voir que Fanchon causait avec Brunet et qu'elle ne pouvait s'occuper de tout le monde !

Brunet était en train justement de l'instituer fruitière, dans un bon quartier, avec dépôt de fromage de Brie. Brunet ! Brunet de Fanchon ! Depuis le temps qu'il lui fait passer en revue tous les états ! Mais soyez tranquille, quand on reprendra Fanchon à causer avec ce Brunet-là, il fera chaud !

En ces circonstances, le cas de Brunet n'est pas bon, aussi commence-t-il par détaler au pas gymnastique.

En attendant, Rosette est perdue. On a beau s'adresser à tout le monde, personne ne l'a vue. Les badauds se rassemblent pour voir pleurer la Normande qui tord son tablier. Les personnes sages disent : « Peut-on confier des enfants à ces créatures! » Les compatissants murmurent : « Pauvre fille! la voilà dans de jolis draps ! » On cherche, on ne trouve pas.

Il se fait des petits clubs autour des bassins ; et tout le long de la rue de Rivoli, on va se disant que le vent a fait tomber un marronnier sur un invalide.

Mais Rosette est perdue.

Et songez-vous à la mère !

Elle a préparé d'avance le goûter ; elle attend. Chaque bruit dans l'escalier lui annonce le coup de sonnette.

Cependant l'heure passe. Rosette ne revient pas. Madame est inquiète. Le bon chien blanc à longues soies commence à s'émouvoir, parce que sa maîtresse s'émeut. Madame se met à la fenêtre en grondant.

Est-ce possible ! Fanchon revient toute seule !...

Mme Sicard poussa un grand cri et descendit l'escalier en se tenant à la rampe.

Elle trouva Fanchon qui criait chez la concierge. Mme Sicard comprenait tout avant de savoir. Elle sentit ses pauvres jambes trembler sous le poids de son corps, mais ce fut Fanchon qui s'évanouit.

Rosette est perdue! Rosette est perdue ! Rosette ! le cher amour ! la joie de la maison !

Vite, bien vite, on alla chercher M. Sicard à son bureau. La position qu'il occupait au château le mettait à même de parler haut à la préfecture de police. Tout fut en l'air, et l'armée souterraine qui assiège et garde

Paris déploya incontinent ses merveilleux bataillons. Ce n'était pas assez : on alla jusqu'à Vidocq, le lugubre et fameux observateur qui voyait à travers les murailles des maisons, et Vidocq se mit en chasse.

Le roi écrivit de sa main au chef de service de sûreté. Que faire de plus ?

La pauvre mère se coucha, ce soir-là, pleine d'espérance et vit en rêve sa petite Rosette revenue qui lui souriait derrière les blancs rideaux de son lit.

Mais le lendemain le berceau était toujours vide. Les jours se passèrent. L'espérance est vivace dans un cœur maternel ; Mme Sicard fut longtemps à désespérer.

Un jour cependant on la vit s'habiller de noir ; elle prenait le grand deuil pour ne le plus quitter jamais. Elle avait de la religion, un peu, mais pas assez : il en eût fallu beaucoup, hélas ! Sa douleur était de celles qui repoussent toute consolation.

Il n'y avait pour trouver grâce auprès d'elle qu'un seul être vivant, c'était Griffon, le chien blanc aux longues soies pendantes. Rosette l'avait aimé.

Quant à la police, elle n'y put rien, malgré la lettre du roi. Vidocq lui-même, le sorcier Vidocq, y perdit son latin.

Comme il y a un terme à tout, la police cessa bientôt de chercher.

Singulier gouffre que ce Paris ! Mme Sicard demeurait au coin de la rue Saint-Honoré et du Passage Saint-Roch. La maison où le voleur d'enfants avait entraîné la petite Rosette était la première du passage et touchait par ses derrières à la demeure même de Mme Sicard.

La mère était à quelques toises du trésor dont la perte la faisait mourir !

Elle en était à mille lieues !

Paris est ainsi fait.

Les Sicard ne prenaient jamais le passage Saint-Roch, sombre et humide couloir qui menait alors à un réseau de rues sombres et humides. Ils étaient riches : ils allaient où est la lumière.

Jamais, au contraire, ou presque jamais, le couple sauvage qui tenait Rosette prisonnière ne descendait vers la rue Saint-Honoré. Ils étaient pauvres d'abord; en second lieu, la vie qu'ils menaient craint le jour.

Je vais te dire leur métier tout de suite, Paul, pour que tu ne cherches point : ils étaient *désossés*.

Tu ne connais peut-être pas cela. Les désossés de France, que les Anglais appellent contorsionnistes, sont des malheureux que l'on dresse dès l'enfance à prendre certaines poses contre nature et dont les membres peuvent aller et venir dans tous les sens. A Londres il y en a qui savent porter leurs deux jambes à la fois comme des mousquets, embrasser leur propre dos, et se mettre à califourchon sur leur propre cou.

Nous n'en avons pas de si habiles de ce côté du détroit ; néanmoins, quand tu iras à la foire de Saint-Cloud, tu pourras voir que cette branche des beaux-arts n'est pas totalement négligée en France.

L'éducation des désossés doit commencer de très bonne heure, pour que les ligaments et tendons puissent prendre, sans se briser, l'élasticité voulue.

Elle se fait comme celle des chiens qui jouent aux dominos, à coups de bâton.

La famille Coulon occupait un rang distingué parmi les désossés de la capitale. M. Coulon fils, successeur de son père, avait journellement l'honneur de se présenter devant le public, soit dans les baraques de la barrière du Trône, soit dans celles qui encombraient encore à cette époque le boulevard du Temple.

Il avait vingt-trois ans, bien qu'il parût plus âgé que cela.

Sa femme, Lodoïska Baju. approchait de la quarantaine, avalait des sabres et de la volaille crue. Elle battait en outre la grosse caisse en perfection, sans parler du rare talent qu'elle avait sur le triangle.

Danses de caractère, poses plastiques, imitation du chant de la grenouille, équilibres, trapèze, jeux de canne et jonglerie cochinchinoise, rien ne lui était étranger. Elle avait été dans sa jeunesse orang-outang de la ménagerie Lepailleur et cela lui laissait quelque orgueil.

Depuis lors, elle avait joué les emplois de phoque, disant papa et maman, et les premiers rôles du phénomène vivant. On lui avait vu jusqu'à trois têtes.

C'était une personne laborieuse. Elle faisait la cuisine, en outre de tout cela, et balayait la chambre.

Mais quelle cuisine, Paul, mon filleul! et comme la chambre était peu balayée!

Lodoïska Coulon, veuve Baju, était maigre comme un clou et plus noire qu'une taupe. Elle avait cette peau huileuse qui repousse l'eau. Dans sa bouche, il ne restait pas beaucoup de dents parce qu'elle en avait fait arracher trente et une en foire, dans des moments de gêne : c'est là un moyen banal de se procurer quelque argent. On donne un franc et vingt-cinq centimes pour chaque dent arrachée.

Lodoïska n'avait pas non plus beaucoup de cheveux, parce qu'elle avait gagné autrefois trente sous par jour et de la gloire à s'attacher des pavés tout autour de la tête en guise de papillotes ; mais le peu qui restait s'ébouriffait sous son madras comme les crins d'un balai à poursuivre les araignées.

Elle était vêtue habituellement d'une tunique de calicot rouge ornée de paillettes, et pour pantoufles elle avait une vieille paire de bottes, qu'elle portait avec dignité.

Peut-être que cela te fait rire, Paul, et je ne t'en blâme pas, puisque tu n'es qu'un enfant, mais si tu l'avais vue de tes yeux, tu aurais pleuré.

Cette femme, c'était la misère, la misère vaincue dans sa lutte éternelle et terrible. Elle avait fait, pour avoir du pain sec, plus d'efforts que n'importe quel général d'armée pour être maréchal de France.

Et le pain sec lui manquait très souvent.

Et, suprême malheur, c'est à peine si elle savait prier Dieu qui console et guérit toute souffrance !

Outre M. Coulon fils et sa femme, la troupe, tristement décimée, ne se composait plus que de deux enfants, l'un de dix ans, l'autre de huit, qui traînaient leurs haillons dans la poussière.

Ç'avait été pourtant une dynastie puissante que ces Coulon ! Coulon père avait possédé trente singes et dix-huit chiens. Baju, le grand Baju, le premier époux de Lodoïska, était alors hercule du nord, et cassait des cailloux sur le bout de son nez !

Le public de la capitale, qui est le plus intelligent du monde entier, se souvient encore de leur baraque, au devant de laquelle s'étendait une toile, peinte par le célèbre Dolinquand.

Elle représentait, cette toile, Baju combattant contre les Patagons du désert, Baju dans la fosse aux lions, Baju portant six artilleurs sur chaque bras, Baju marchant pieds nus sur des tessons de bouteille, Baju sortant du ventre d'un requin, sautant d'un dixième étage, et Baju allant chercher Mme Baju en enfer, sans même savoir qu'il imitait en ceci la belle conduite d'Orphée !

C'était le bon temps. Se peut-il qu'un Baju ne soit pas immortel ! Baju avait rendu le dernier soupir dans un cabaret de la Courtille. Tous les *artistes* de Paris avaient suivi son enterrement. Le père Coulon lui-même, plein d'honneur et de jours, s'était laissé mourir un soir de carnaval. Les crêpes l'avaient tué, lui qui digérait de l'étoupe enflammée !

Chose plus cruelle : la coqueluche avait pris tous les singes à la fois. O mort ! Et que faire des dix-huit chiens galeux après le décès des trente singes poitrinaires ? Des biftecks et des côtelettes ? On se fatigue, même de la chair des chiens. Les derniers furent vendus pour la laine.

Et tu sauras cela un jour, Paul, avec bien d'autres choses : quand les grandes races se mettent à déchoir, c'est terrible. Il y avait six demoiselles Coulon : des merveilles ! Célestine Coulon, la louche, se cassa les deux jambes en tombant du trapèze ; Joséphine Coulon, la rousse, se fendit le crâne en faisant une culbute ; Ernestine Coulon, la bancale, périt d'un poignard avalé de travers ; Amandine Coulon, la bossue, trépassa d'un pavé qui lui entra dans l'œil ; Justine Coulon, l'édentée, s'étrangla en déclamant une tragédie, et Colombine Coulon, la camuse, fut mordue par un caniche savant.

Telle fut la destinée des six demoiselles Coulon, si connues dans les cours étrangères !

Le sort des trois fils Baju ne valut pas mieux, non : c'était comme un arrêt de l'implacable destin. Ils expirèrent tous à la fleur de l'âge, et il n'y eut point de fleurs sur leurs tombes.

Il restait donc ces deux débris pour se consoler entre eux, la vieille Baju et le jeune Coulon, unique héritier de tant de grandeurs. Ils unirent leurs malheurs, mais Lodoïska n'oublia jamais son premier Baju. Elle gardait son portrait découpé dans le tableau du célèbre Dolinquand : Baju en Alcide, avec une peau de lion, et filant à ses pieds à elle — en Omphale.

— Quelle cascade ! avait-elle coutume de dire quand elle évoquait les splendeurs de son passé. Avoir eu quarante-huit animaux vivants, pour être réduite à deux petits qui appartiennent à l'espèce humaine.

Ces deux derniers animaux vivants qui composaient désormais toute la fortune de la maison Coulon, se nommaient Édouard et Louise. Ils étaient désossés tous les deux ans, mais comme ils vieillissaient, Édouard ayant déjà dix ans et Louise huit, on avait volé une petite fille qui était morte des leçons qu'on lui avait données. Sur trois élèves, le désossement en tue deux, mais chaque commerce a ainsi ses non-valeurs. Rosette était pour remplacer Fanfiche, la défunte désossée.

Mon Dieu ! je ne sais pas comment te dire cela, petit Paul ; arracher un enfant à sa mère, c'est le dernier des crimes : on pourrait penser qu'il faut pour en arriver là une férocité raffinée. Mais connaît-on bien le degré de stupidité où sont descendus les sauvages des grandes villes ?

Londres contient plus de deux cent mille âmes qui n'ont jamais entendu prononcer le nom de Dieu ; Paris possède toute une population de païens pour qui Jésus-Christ ne s'est pas fait homme. Ils végètent à deux pas des églises, et tu les surprendrais bien si tu leur apprenais qu'il y a quelqu'un au ciel, quelqu'un dont ils ont besoin, qui est leur maître tout-puissant et qui les a aimés jusqu'à mourir pour eux, — quelqu'un qui est le pardon éternel et la charité infinie.

Si tu leur parlais de la sorte, tu les ferais rire.

Il est des gens instruits dont le métier consiste à les empêcher de sortir de ce trou. C'est la dégradation si profonde, c'est l'ignorance si complète, que l'esprit s'étonne et que la raison doute, même après avoir vu.

Ils ne savent pas. Le monde est pour eux la boue dans laquelle ils grouillent.

Au-delà de cette boue, c'est le cloaque où pourrit le néant.

Voilà leur vie et voilà leur mort.

Non, je ne sais comment m'y prendre pour t'exprimer ma pensée, et cependant, il faut bien te la dire : Coulon fils et sa femme Lodoïska n'étaient point de méchantes gens.

Quoi ! des voleurs d'enfants !

C'est affreux à penser.

Je t'affirme, Paul, qu'ils volaient des enfants, qu'ils condamnaient des mères aux larmes de sang, aux larmes qui jamais ne tarissent, et qu'ils n'avaient pas mauvais cœur.

Ils n'avaient jamais réfléchi, sinon à une chose : gagner le pain du jour.

Il faudrait bien des pages pour t'apprendre que c'est là, pour un grand nombre de gens, un problème presque insoluble.

Il y a de misérables métiers, mon filleul, où chaque bouchée de pain coûte des miracles.

Pourquoi est-il des gens assez mal conseillés pour choisir de pareils métiers ? C'est une grave question à laquelle répond le mot le plus vague, le plus creux, le plus redoutable que la sophistique humaine ait inventé : le mot liberté.

Ces métiers sont libres.

Les gens qui se dégradent dans ces professions inconnues n'ont point de maître.

Ils le croient, du moins, et ils s'en vantent.

Moi qui ne crois à rien qu'à Dieu, Paul, et qui suis sceptique en tout ce qui ne touche pas étroitement à la grande foi de ma mère l'Église catholique, je regarde en tendre et profonde pitié l'artiste qui se dit libre.

Entends-tu? l'artiste : qu'il soit grand ou petit, glorieux ou obscur, qu'il ait des haillons sur le corps ou du velours, qu'il couche sur l'édredon ou sur la paille.

Je ne parle même pas de ces deux maîtres qui tiennent l'artiste en laisse, attaché par le cou comme un chien, et qui s'appellent l'orgueil, s'il est en haut de l'échelle, s'il est en bas : la faim.

Tous les hommes ont cette laisse et ce collier.

Mais je parle du public, le plus ignorant, le plus impérieux, le plus égoïste, le plus capricieux de tous les maîtres.

Ce qu'il exige est monstrueux, vois-tu : il n'y a de supérieur à sa tyrannie que notre lâcheté ; il n'y a d'égal au sans-gêne de son despotisme que l'impudeur de notre obéissance.

Nous sommes saltimbanques, mon filleul, et désossés tous, depuis le glorieux Molière jusqu'au lamentable Paillasse. Dis à ton père, qui est parmi les grands, de t'expliquer les douleurs du métier et de te montrer, un soir qu'il aura le temps, les épines qui sont en dedans de sa couronne.

La devise de Nicolet est la loi de l'artiste, quel que soit son nom, quel que soit son rang : toujours de plus en plus fort! A-t-il atteint le faîte, on lui dit : Monte. S'il répond : Je suis tout en haut ; c'est bien, lui répond-on : alors il faut descendre !

Descendre, dès qu'on ne monte plus!

Il faut aller toujours, inventer l'impossible, s'embrasser le dos, porter ses deux jambes comme des mousquets, voler des enfants...

Rassure-toi. Tous les artistes ne volent pas des enfants. Mais je te défie d'en trouver un qui n'ait pas, à une heure cruelle, tordu son cou, brisé ses reins et tâché de s'embrasser dans le dos !

Gagner le pain : le pain d'un sou, le pain de cent mille francs; qu'importe le prix du pain !

Gagner le pain : qu'il apaise la faim de l'estomac ou la fringale de l'orgueil ; qu'importe la pâte dont on fait le pain !

Gagner le pain, toute sorte de pain, le pain qui nourrit la famille ou celui qui l'empoisonne, le pain du ménage ou le pain du désordre, gagner le pain, c'est la fatalité.

Il faut gagner le pain.

Que Dieu te donne, mon filleul Paul, quand il te faudra gagner ton pain, le pain des forts et des braves, celui qui se conquiert par le travail, c'est vrai, mais surtout par l'obéissance aux sacrés commandements que Dieu te donnera, Paul, mon filleul, le pain de la paix, de l'amour, le pain du ferme et victorieux espoir : le pain des simples et des heureux qui n'ont plus d'orgueil, le pain de foi, le pain de vie !

Pour les Coulon, le pain, c'était la croûte sèche et, de temps en temps, le repas vineux de la barrière. Pas souvent : ils étaient durs et sobres par nécessité. Eh bien ! Coulon fils s'alourdissait ; Lodoïska était vieillie comme sa tunique de calicot rouge à paillettes ; Édouard avait peu de dispositions ; Louise avait peur de se casser, depuis qu'elle avait vu Fanfiche tomber toute pâle avec un cercle noir autour des yeux ; et Fanfiche était morte.

On s'était dit : « Prenons un autre enfant. » Voilà tout.

C'est hideux, d'autant plus qu'il n'y a pas l'ombre de méchanceté là-dedans.

L'idée de la mère ne leur vient pas.

Ils tuent les mères comme un chien étrangle un lapin, sans fiel. Veux-tu mieux ? Comme tu prendrais une pomme à un arbre.

Mon filleul, c'est l'excès même de cette brutalité que j'appelle un mystère et qui motive le titre de notre conte.

Non seulement ils n'étaient pas méchants, mais ils étaient bons, très bons. Ils s'aimaient l'un et l'autre tout en se battant quelquefois. Ils aimaient Édouard et Louise, tout en les battant continuellement.

La famille était arrangée ainsi : Lodoïska avait l'autorité, Coulon fils venait ensuite, puis Édouard, puis Louise. Louise mangeait toujours à ses deux repas, Édouard presque toujours, Coulon fils jeûnait quelquefois, Lodoïska jeûnait souvent.

Les petits avant tout ! tu vois bien qu'elle était bonne. Mais elle les battait.

Elle battait Louise qui était paresseuse et poltronne ; elle battait Edouard qui, au lieu d'étudier l'art des contorsions, se cachait dans des coins pour crayonner des choses informes et couvrait les murailles de dessins extravagants. Coulon fils disait parfois qu'il deviendrait un grand peintre comme le célèbre Dolinquand.

Pendant que Mme Sicard cherchait sa fille, la pauvre petite Rosette était là-dedans. Je n'ai pas besoin de te dire comme elle pleura, mais j'ai besoin de te dire combien de temps. Elle pleura le temps qu'elle eut peur.

Les enfants ne savent guère distinguer le beau du laid ; quand les yeux de Rosette furent habitués aux objets environnants, elle ne regretta que sa mère. Je dis ceci pour flatter les chers cœurs qui s'épanouissent sous les caresses d'un petit ange bien-aimé. A trois ans, l'âme est éveillée, je le crois, mais si peu ! J'ai beaucoup regardé les enfants et de bien près ; à trois ans, l'âme a le même âge que le corps à trois mois. Les impressions d'un enfant de trois ans sont tellement fugitives qu'un souffle les fait envoler.

Une heure après son arrivée dans la pauvre demeure, Rosette ne pleurait plus. Que les mères me pardonnent !

Deux heures après, que les mères aient miséricorde ! Rosette jouait paisiblement avec Edouard et Louise.

Elle demanda pourtant le chien Griffon jusqu'au soir.

A dîner, on lui donna je ne sais quoi qu'elle ne connaissait pas. Elle trouva cela bien bon. Les enfants de trois ans n'ont pas de goût. Tu en as, toi, Paul, mais c'est que tu es un homme de sept ans.

Au moment de s'endormir, Rosette pleura encore, j'allais l'oublier ; elle ne reconnaissait pas son lit. On la mit entre Edouard et Louise ; elle fut contente. Elle aimait déjà Louise et Édouard : Édouard surtout, qui avait une veste turque en coton jaune avec des liserés écarlates et des paillettes, toujours des paillettes.

Coulon fils et la vieille Lodoïska se comportaient du reste avec une adresse consommée. Ils se gardaient bien d'approcher Rosette. Pour priver des enfants il faut d'autres enfants ; Coulon fils et Lodoïska laissaient Rosette aux mains de Louise et d'Édouard, qui s'attachaient à elle tout naturellement, la trouvant si douce et si jolie.

Elle dormit bien. En dormant, elle appela sa mère et Griffon.

Mais le réveil des enfants semble être plein de lueurs. Le lendemain matin Rosette demanda sa maman pour tout de bon, ce furent de nouvelles larmes et peut-être ne les aurait-on pas séchées facilement, si l'on n'avait eu une grande joie en réserve.

Le costume pailleté de la pauvre petite Fanfiche était jeté là dans un coin, parmi d'autres oripeaux et guenilles qui ne se pouvaient pas vendre, car les Coulon ne gardaient rien de ce qui se pouvait vendre. Rosette en hérita.

Rosette troqua ses pantalons brodés, sa robe blanche et bleue, si fraîche et si jolie, sa collerette brodée, toute sa toilette mignonne enfin, contre une tunique ponceau, pailletée d'étain. Le plaisir faillit la rendre folle.

Dès ce jour-là, on commença à la désosser. C'est étonnant les dispositions qu'elle avait. Lodoïska, qui s'était chargée de son éducation, ne la battit pas une seule fois. Du premier coup, Rosette baisa la plante de ses deux pieds, assise et même debout ; elle fit le grand écart sur deux chaises avec une facilité si gracieuse que Mme Coulon évoqua l'ombre de Baju dans son attendrissement. Baju aurait été bien content de voir un pareil début.

L'appétit vient en mangeant. Quand Mme Coulon et son époux virent que le premier pas de Rosette dans la voie des beaux-arts était un pas de géant, leur ambition grandit. Il y a des degrés parmi les acrobates. Le désossé peut être un virtuose, mais il travaille au niveau du sol et ses succès ne dépassent pas le terre-à-terre.

La voltige est supérieure assurément.

Au-dessus de la voltige il y a l'idéal, — la haute école, — la danse sur la corde, qui fit un jour Mme Saqui plus illustre que le roi Dagobert.

Il y avait dans la misérable chambre une manière d'alcôve, un petit trou, dans lequel Coulon fils et sa femme se retiraient pour tenir conseil, quand ils avaient pu se procurer un ou deux litres de vin bleu.

Ils se rassemblèrent en ce lieu dès le premier soir et décidèrent à l'unanimité que Fanfiche (elle avait aussi hérité du nom de la défunte) serait non seulement une désossée, mais une voltigeuse, non seulement une voltigeuse, mais une « pour le trapèze », mais une danseuse de corde.

— A la musique ! cria Coulon fils dans son enthousiasme. Toto, Carabo ! ni vu ni connu, j't'embrouille ! Elle aura tous les talents !

— Même ceux d'agrément ! ajouta Lodoïska. Je lui apprendrai la grosse caisse et le cornet à pistons.

— A la musique ! à la musique !

La musique, c'était le plein verre de vin violet. Coulon fils et sa dame trinquèrent avec transport.

Pendant qu'ils réglaient ainsi le sort de la nouvelle Fanfiche, elle jouait avec Édouard et Louise, deux pauvres enfants, capables des plus noires fredaines, mais qui avaient bon cœur. Édouard lui apprenait à faire polichinelle, ce qu'il exécutait en toute perfection, et Louise l'habillait comme une poupée.

Cette Louise ne valait pas Édouard, qui n'aurait pas eu son pareil en foire, sans la malheureuse manie qu'il avait de barbouiller des empereurs sur les murailles. La malice de Louise ne devait cependant naître que de sa jalousie, et pour le moment elle était la bonne amie de Rosette.

Je ne saurais pas te dire, Paul, comme Rosette était heureuse dans ce trou. Elle s'amusait toute la journée, car les travaux eux-mêmes étaient de purs divertissements. Lodoïska, sans effort aucun, faisait ce qu'elle voulait de ce corps souple dont les muscles avaient déjà une étrange élasticité. On naît poète ; Rosette était née voltigeuse.

M. Sicard, employé au château et chef de bataillon de la garde nationale, pesait cependant cent quatre-vingt-cinq livres avant le dîner ; Mme Sicard, douce et charmante femme de ménage, laissait élargir ses robes à chaque saison et sautait difficilement, quoiqu'elle fût jeune encore, le ruisseau de la rue Saint-Honoré. Il n'y avait pas dans tout le sang de ce couple Sicard un seul atome d'acrobatisme.

Mystère profond de la loi des races : ces deux natures un peu inertes, et qui, à elles deux, possédaient à peine l'élasticité d'une éponge mouillée, avaient produit un fruit moitié caoutchouc, moitié vif-argent. Très positivement, Rosette, arrivée à douze ans, l'âge de raison de la voltige, devait humilier Auriol, se moquer de Mme Saqui, franchir quarante-huit baïonnettes et se tenir sur un pied, peut-être — Coulon fils avait fait ces rêves — à la pointe de l'obélisque de Luxor !

Elle ne sortait jamais, elle n'avait pas envie de sortir. La maison contenait tout ce qui lui était nécessaire. On avait suspendu pour elle au plafond un amour de petit trapèze ; une corde raide était tendue d'un bout à l'autre de la chambre. Lodoïska savait des histoires de saltimbanques à n'en plus finir, Édouard barbouillait des images. Il y avait en outre la grosse caisse et le cornet à pistons. C'était un paradis !

Un an s'écoula.

Il se passait dans ce petit cœur à peine né quelque chose d'étrange. Les souvenirs qui s'étaient effacés si vite, au lieu de s'éteindre tout à fait, tendaient parfois à renaître. Le temps leur donnait une forme très vague, mais il ne les voilait point tout à fait ; Rosette s'endormait souvent en une rêverie confuse où glissait une image qui était sa mère.

Sa mère, est-ce bien cela ? Oui, un sourire calme et doux, une tendresse si bonne que la petite âme de Rosette en restait tout imprégnée.

Mais le mot de mère ne lui venait pas. Elle nommait déjà depuis longtemps Lodoïska : ma mère. Hélas ! elle se souvenait du nom de Griffon.

Elle voyait Griffon je ne sais où, Griffon tel qu'il était, Griffon bien plus distinctement que sa mère, que Lodoïska lui voilait.

Et au milieu d'un paysage qui lui semblait impossible, sous des feuilles énormes, parmi des troupeaux d'enfants joyeux, la Normande Fanchon

marchait majestueusement aux côtés de Brunet, court et humble, qui éplu-
chait un brin de bois vert pour en faire une badine.

Les souvenirs, Paul, à cet âge surtout, peuvent sommeiller comme les
plantes en hiver et aller refleurissant au premier regard du soleil. Mais il
faut le soleil. Si Rosette avait revu sa mère...

Autrefois, avant de se coucher, on lui faisait dire une belle petite prière
qu'elle savait presque par cœur. Il lui revenait bien souvent des lambeaux
de cette prière dont elle ne comprenait plus bien le sens.

On ne priait pas chez les Coulon. Du haut en bas de l'art on prie trop peu.
Aux resplendissants sommets de l'échelle de la pensée, il y a la raison or-
gueilleuse : ce même orgueil de la raison qui fit le paradis perdu ; aux derniers échelons, c'est le bandeau de l'ignorance ; entre deux, c'est le mé-
lange de l'un avec l'autre, produisant la revêche et chagrine médiocrité.

Ces pauvres Coulon étaient un peu au-dessous du dernier échelon. Ils ne
parlaient jamais à Dieu.

Ce n'étaient pas des païens, cependant, parce qu'ils ne connaissaient pas
Jupiter, n'ayant jamais vu de tragédie.

Au bout de cette année, Rosette sortit pour la première fois et c'était
une grande histoire.

Elle allait débuter, pour avoir un engagement. Elle avait quatre ans
depuis deux mois.

Elle allait débuter devant les directeurs, dans une grange de la Chapelle-
Saint-Denis qui sert de second Théâtre-Français aux saltimbanques.

Elle était grave. Elle avait cette profonde émotion de la première épreuve
à faire pour entrer dans une carrière sérieuse. Tu verras, Paul, quand tu
passeras ton baccalauréat.

Il faisait presque nuit ; eût-il fait grand jour, Rosette n'aurait point reconnu le passage Saint-Roch. Pour éveiller ses souvenirs, il aurait fallu
tourner l'angle de la rue Saint-Honoré qui était la frontière de son ancien
domaine. Les Coulon eurent soin de prendre la direction opposée et remon-
tèrent vers la butte des Moulins. Rosette se serrait contre Édouard, étourdie

par le bruit des voitures. Elle ne se souvint point d'avoir jamais traversé
cet enfer tout plein de lumières mouvantes et de fracas. Chez sa mère, le
soir, on ne sortait qu'en voiture.

Voilà un bel endroit, la grange de la Chapelle-Saint-Denis, et imposant !
Trois quinquets, des piliers de bois entourés de drapeaux, car on donnait là
quelquefois des assauts de contre-pointe et des séances de boxe française ;
des messieurs qui fumaient, des dames qui buvaient du cassis sur des tables
rondes, peintes en vert. Rosette regarda toutes ces choses avec respect et
prit une idée des magnificences de ce monde, en admirant cet Odéon des
baraques.

Cependant, chaque fois qu'on remue l'eau qui dort, quelque objet remonte
à la surface. Un vague émoi, qui était comme le présage d'un souvenir à
naître, traversa son cerveau d'enfant. Elle chercha quelque chose qu'elle
avait eu, qu'elle n'avait plus.

Griffon ? oui, certes, mais quelque chose encore au-delà de Griffon.

Quoi donc ? Rosette n'eut pas le temps de trouver.

Coulon fils et sa femme étaient un peu surexcités. Coulon fils dit à un
gros monsieur dont la tête ressemblait à celle d'un taureau :

— A la musique, Montauciel, vieux ! Toto, Carabo, ni vu ni connu,
j't'embrouille !... y sommes-nous ?

Montauciel paya aussitôt une tournée et répondit :

— Allez-y ! l'enfant est mièvre.

C'était vrai. Rosette n'avait plus ses belles couleurs. Ses pauvres petites
joues étaient bien pâles. Elle ressemblait à une de ces fleurs qui ne res-
pirent plus le bon air du ciel.

Mais nul ne sait bien ce que l'exercice peut développer de force en nous
en dehors même des conditions qui donnent la santé. Sous cette enveloppe
chétive, Rosette avait des muscles d'acier.

On la mit sur la corde. Soit dit sans l'offenser, elle était bien fagotée ; elle
avait l'air d'un petit chien habillé. Lodoïska, la voyant en position, prit
une pose avantageuse et harangua d'un ton pénétré :

— Allons, mam'selle Coulon, dit-elle, montrez vos talents. Vous n'êtes pas ici devant des veaux. C'est tous bons-hommes, forts et adroits, artistes ou brevetés pour la danse des salons. Attention à satisfaire la société.

Des *veaux*, mon filleul, c'est toi et moi, ne t'en déplaise ; ce sont les profanes, tous ceux qui ne sont pas désossés, danseurs de corde, « bons-hommes » pour la lutte à main plate à l'instar des piles-de-pont du Midi, forts et adroits, avaleurs de sabres, maîtres de chausson, doubles-trapèzes, femmes colosses, dompteuses de serpents ou jeunes demoiselles pour la canne et le bâton.

Du premier bond, mam'selle Coulon mit sa tête entre deux poutres du plafond.

— A la musique ! suivez le monde ! hurla Coulon fils.

Il fourra le goulot d'une bouteille dans sa bouche et but tant qu'il eut de l'haleine.

C'était l'attendrissement.

— Excusez ! dit Montauciel. L'enfant a de l'atout !

— Et c'est sans clarinette ! fit observer Lodoïska dont les vilains yeux rouges étaient pleins de larmes.

A la fin de l'épreuve, Montauciel, directeur du théâtre des Jeunes-Phénomènes, rue Saint-Laurent, proposa vingt sous par jour à Mlle Coulon, en présence de tous les premiers artistes de la capitale, rassemblés dans la grange de la Chapelle-Saint-Denis.

Alors commença pour Mlle Coulon une vie nouvelle. On l'entoura d'hommages. Coulon fils et Lodoïska devinrent ses serviteurs. Certes, jusqu'alors on l'avait bien traitée, mais à dater de cet heureux jour elle nagea dans les délices.

Volontiers lui eût-on dressé un autel dans un coin de la mansarde. Édouard et Louise devinrent en même temps ses esclaves : Édouard volontairement, car il l'aimait de tout son cœur; Louise contre son gré, parce qu'elle craignait d'être battue.

Louise était jalouse, jalouse des succès de Rosette, des respects dont on l'accablait, jalouse surtout de l'affection toujours croissante que lui témoignait Édouard.

Jusqu'à l'arrivée de Rosette, Louise avait été « mam'selle Coulon » et l'objet de toutes les préférences d'Édouard. Maintenant, Édouard l'abandonnait pour la nouvelle venue, qui lui avait tout pris, même son titre et son nom.

Rosette était Mam'selle Coulon.

Aucune autre qu'elle n'avait droit désormais à ce grand nom devant MM. les amateurs de la capitale.

Tu sais, Paul, quelle influence une personnalité glorieuse peut exercer sur le sort d'une couvée de comédiens. Mlle Rachel, la grande tragédienne, faisait la fortune théâtrale de toute sa famille, comme Napoléon plaçait tous ses frères sur des trônes.

Grâce à mam'selle Coulon, Édouard eut un engagement, Louise aussi. Coulon fils trouva un emploi de porte-voix et Lodoïska elle-même, connue pour effrayer le public, eut permission de se glisser derrière un comptoir. On quitta le passage Saint-Roch, on loua un appartement de trois greniers aux environs du faubourg du Temple.

Édouard barbouillant des empereurs.

Tout le monde gagnait ; l'abondance était revenue, comme au temps où Baju avait son tableau du célèbre Dolinquand à la foire. Tous les jours on mangeait du rôti et de la salade ; les dimanches, on festoyait à la barrière avec Montauciel le directeur, avec Guigneux la « pratique », avec Pile-de-Pont le lutteur, avec Zuléma du poids de 200 kilogrammes, avec Mme Laridor

Coulon fils emboucha le porte-voix. (Page 172.)

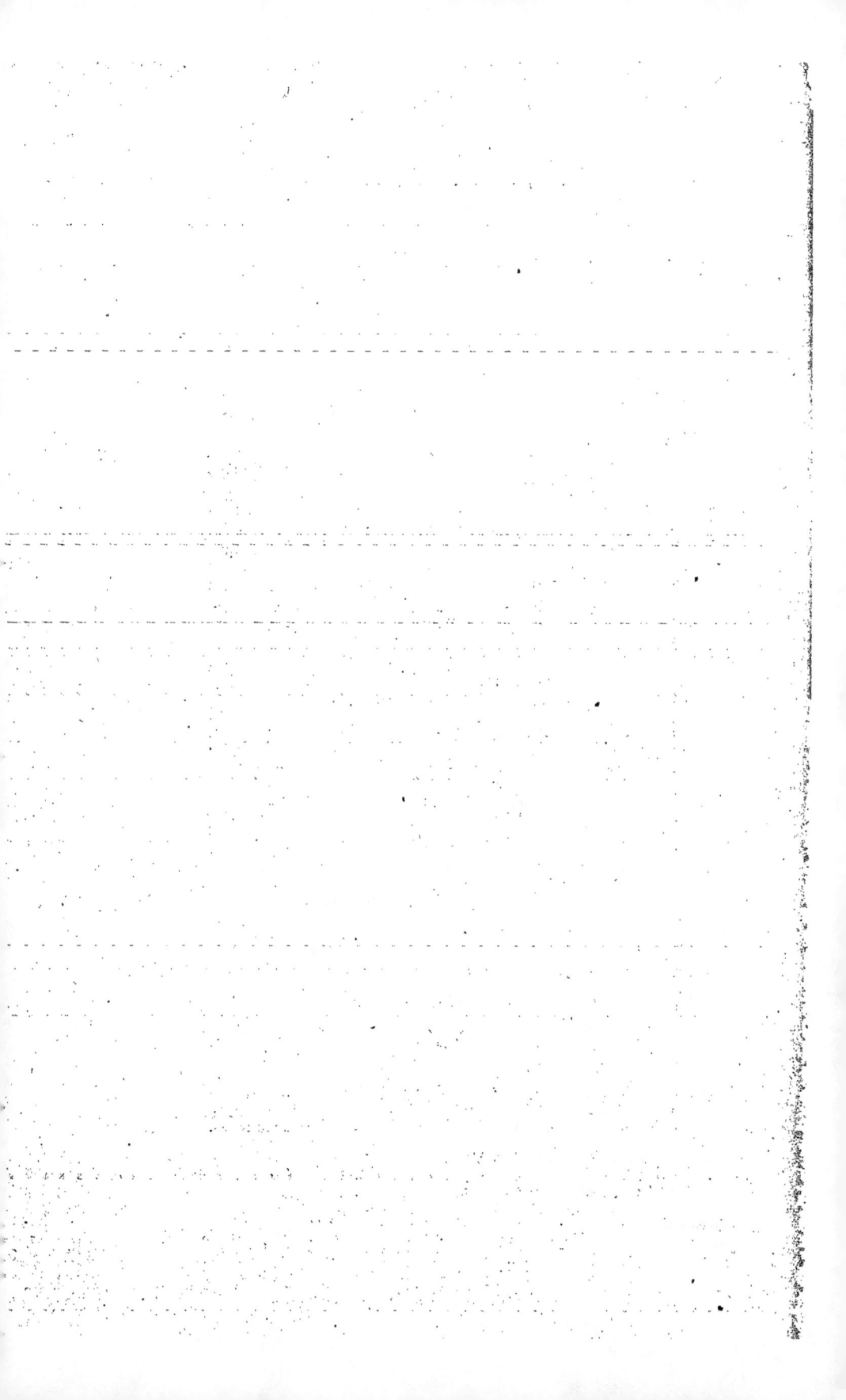

la mère des serpents boas, avec la jeune Payoula enfin, qui, le soir, avait quatre bras et deux têtes.

Et la musique allait ! Coulon fils ne marchait plus ; il oscillait entre deux musiques.

Tu devines bien que la musique c'était la bouteille.

Lodoïska, plus sobre, se bornait à dîner trois fois tous les jours. Quelle époque pour les Coulon !

Mais ne crois pas qu'on laissât voir ces excès à mam'selle Coulon. Mam'selle Coulon vivait dans les régions supérieures. Quand elle daignait être de bombance, on allait dans les restaurants comme il faut où la musique était cachetée.

Elle avait dix ans, elle gagnait six francs par soirée sans compter la gloire.

Édouard la servait à genoux et faisait son portrait du matin au soir, car, on ne sait comment, il était devenu peintre.

Louise la détestait de toute son âme, et chaque matin un peu davantage.

Il arriva que le directeur Montauciel voulut faire campagne à Saint-Cloud.

Quinze jours d'avance, il fit apposer des affiches dans le parc, tout plein des préparatifs de la fête. Le nom de mam'selle Coulon était sur cette affiche en lettres grandes comme des maisons ; son portrait, peint par Édouard, y dansait sur un fil d'archal plus mince qu'un cheveu.

C'était la dernière œuvre sérieuse de ce pauvre Édouard qui, mal conseillé sans doute, avait quitté la carrière honorable de peintre en foire (genre Dolinquand) pour entrer comme élève chez un membre de l'Institut.

Lodoïska lui avait dit : Tu t'égares ! mais la jeunesse est sourde aux conseils de l'expérience.

Édouard venait de loin en loin, et c'était pour Rosette.

Louise enrageait au fond du cœur. Elle était grande fille et se trouvait bien autrement intéressante que ce petit singe, comme elle ne rougissait pas d'appeler mam'selle Coulon.

L'affiche de Saint-Cloud, la grande affiche, mit le comble à ses fureurs.

Cette affiche où le nom de Mlle Coulon tenait toute la place, Louise n'avait pour elle qu'un coin obscur où l'imprimeur l'avait casée par pitié en lettres microscopiques.

L'idée de vengeance entra décidément dans son cerveau.

C'était une créature grossière, paresseuse et gourmande, qui partageait déjà les goûts de Coulon fils pour la musique.

Le premier jour de la fête, Louise fit une longue station chez le liquoriste pour se donner du cœur, et quand elle eut assez de cœur, elle revint à la baraque où la vue du tableau acheva de l'exaspérer.

Sur le tableau, en effet, le nom et l'image de Mlle Coulon resplendissaient aux rayons du soleil.

Il n'y en avait que pour Mlle Coulon !

Le parti de Louise fut pris dès cet instant.

C'était elle qui fixait la corde sur les chevalets; elle avait pris chez le liquoriste assez de cœur pour ne pas reculer devant la pensée d'un crime !

D'après les ordres de Montauciel, la corde fut tendue en dehors de la cabane pour affriander le public par quelques exercices préparatoires.

Que faisait pendant cela Mlle Coulon? Eh bien! il se passait en elle quelque chose d'extraordinaire et d'inconnu. La vue de ces grands arbres l'avait remuée.

Une vague émotion, je ne puis pas dire un souvenir, naissait en elle et la plongeait dans un rêve confus.

— Où donc ai-je vu tout cela ? se disait-elle en regardant l'admirable paysage du parc? Où donc y avait-il ainsi de grands arbres?

Ce fut dans cette situation d'esprit qu'elle monta sur la corde avec son balancier tout neuf, bariolé de blanc et de rouge.

Coulon fils emboucha le porte-voix et cria aux quatre airs du vent:

— Mam'selle Coulon va commencer, ne donnant au dehors qu'un faible échantillon de sa force, pour engager à voir le dedans, sans balancier à trente pieds du sol, sur un simple fil d'archal ! Mam'selle Coulon ! mam'selle Coulon-on-on-on !

Louise était là, derrière la toile, qui regardait la corde avec de bien méchants yeux.

Au moment où Mlle Coulon montait au chevalet, conduite par Montauciel lui-même en costume de sauvage de la Terre de Feu, son regard cherchant encore les grands arbres tomba sur une dame en noir qui passait, triste et marchant avec peine dans l'avenue, suivie par un vieux chien à longues soies pendantes.

Un éblouissement s'alluma devant les yeux de Rosette, habituée pourtant à regarder le vide en se jouant.

Elle ne reconnut point la dame, mais le chien... Ah! le chien!

Après sept ans, quelle mémoire! Elle poussa un grand cri joyeux:

— Griffon! Griffon!

A cet instant, la corde qui la supportait cassa comme une chanterelle de violon trop tendue.

Louise se couvrit le visage de ses mains. Rosette était au pied du chevalet, baignée dans son sang.

Louise se couvrit le visage de ses mains.

Elle avait percé la cohue en droite ligne.

III

Et auprès de Rosette, il y avait la pauvre dame en noir qui tout à l'heure marchait d'un pas chancelant et si triste.

Forte comme un homme, tout à coup, elle avait percé la cohue en droite ligne. Elle était comme une lionne et comme une folle avec son petit chien qui faisait rage à ses côtés.

Elle saisit Rosette dans ses bras, écartant du même coup tout le monde et criant de cette voix qui déchire le cœur : la voix des mères :

— Ma fille ! Rosette ! es-tu morte ?

Les mères ne se consolent jamais. Le livre des livres l'a dit : elles ne veulent pas être consolées. Elles vivent par le souvenir, et le souvenir est en elle clairvoyant comme l'esprit qui animait les prophètes.

L'enfant qu'elles n'ont plus, elles le suivent toujours de leur regard plein de larmes.

Petit Paul, enfant doux et charmant, bon petit cœur d'or, toi qui aimes tant ta mère, je vais t'apprendre un secret : ta mère t'aime mille fois plus encore que tu ne l'aimes !

J'ai vu cela une fois en ma vie et j'ai été ravi en un attendrissement incomparable.

Nous autres hommes, nous voyons le cher enfant perdu tel qu'il était à l'heure de la séparation. Les mères comptent les heures, les mères devinent le travail de la nature et l'œuvre patiente de Dieu.

Pour la douleur amoureuse des mères, il n'y a ni mystère ni surprise.

L'enfant grandit dans leur rêve comme il aurait grandi sous leurs yeux.

Elles le reconnaissent, transformé qu'il est ; elles sont de moitié déjà dans sa métamorphose.

Il n'y a que cela de complètement beau ici-bas, Paul, sauf les grands élans du patriotisme et, au-dessus encore, les merveilles de la charité.

Crois-moi, quand on regarde en arrière, au sommet de ce mont de tristesse qui est le calvaire de l'homme et qui est la vie, rien n'apparaît, sinon une pauvre sainte qui sourit et pleure : celle à qui l'on disait : « maman ! »

Toute mère est une sainte pour son fils. Et que Dieu pardonne au fils qui sait voir une tache à ce doux soleil de la famille !

Celui-là est un misérable qui vivra lâche et qui mourra tremblant.

Car à l'heure où tout finit, celle qui était derrière passe devant, la joie du passé devient l'espérance suprême de l'avenir. Qui parle de Dieu au mourant ? La mère, vivante ou morte. L'âme déjà chancelante tombe dans ces deux bras tendus qui seuls sortent du voile, derrière lequel l'éternité ouvre l'immense joie ou le malheur sans fin.

Ce que les mères ont sauvé d'âmes !...

Pour naître, pour vivre, pour mourir, Paul, enfant heureux, tu as eu, tu as, tu auras ta mère.

Si j'avais une lyre, tous mes chants, tous, le premier comme le dernier, seraient pour ma mère, et je chéris la douce compagne de mes épreuves, surtout au travers de cette pensée que mes enfants bien-aimés ont en elle une mère aussi sainte, aussi pieuse, aussi mère que l'humble et noble chrétienne dont je suis si fier d'être le fils.

Mme Sicard tenait sa fille évanouie dans ses bras. Elle n'avait d'autre indice que le cri échappé à Rosette et qui était le nom du chien, car l'instinct du chien même hésitait ; Griffon tournait autour de l'enfant et sentait ses vêtements comme s'il eût suivi à part lui une laborieuse piste.

Mais ce n'était pas le cri de Rosette qui persuadait Mme Sicard ; ce cri n'avait servi qu'à appeler son attention ; elle n'avait pas besoin du chien ; elle avait son instinct de mère ; elle ne doutait pas ; dans cette belle jeune fille, elle reconnaissait son enfant de trois ans.

Elle le dit, elle l'affirma, elle le cria, tout le monde la crut.

Un drame pareil, raconté dans la *Gazette des Tribunaux*, produit un très grand effet par la ville ; jugez de l'émotion décuple qu'il fait naître, quand il se joue au milieu d'une fête publique avec tous ses acteurs assemblés.

Les victimes et les criminels en présence devant des milliers de spectateurs !

Montauciel, le directeur, eut beaucoup de peine à sauvegarder sa loge, d'autant mieux qu'on venait de découvrir une coupure, pratiquée à la corde où devait danser la jeune fille, juste à l'endroit où cette corde faisait effort sur le chevalet.

Montauciel ne savait pas : il était innocent, le triste Montauciel, innocent du vol de l'enfant, innocent de la corde coupée ; il jurait et pleurait sous sa peau de lion et résistait aux sergents qui déjà le tenaient au collet.

— Prends-en six sous chaque bras, lui criaient les gamins dont l'impitoyable gaîté se rit de tout.

Louise, la misérable fille, avait trouvé moyen de s'enfuir tout de suite après la catastrophe.

Il fallait vengeance à la foule. Ce n'était pas la mère qui s'occupait de cela. La mère était toute à sa fille, mais la foule avait deviné l'histoire de l'enfant volée.

Montauciel fut arrêté ; M. Coulon fils, dans tout l'éclat de son costume et tenant encore le porte-voix à la main, fut saisi comme un vil criminel, et la déplorable Lodoïska elle-même, dont la face jaune, était inondée d'affreuses larmes, marcha vers la prison entre deux gardes de ville.

Ainsi tombe-t-on parfois, Paul, subitement et sans préparation, du faîte des prospérités, tout au fond du malheur. Lodoïska et M. Coulon fils avaient certes mérité leur sort. Plaignons-les, cependant, puisque les voilà qui souffrent.

Pendant tout le jour la foule rassemblée devant la baraque vide de Montauciel, se raconta à elle-même l'histoire de la jeune fille enlevée.

La foule ne sait jamais les histoires qu'elle raconte. Son grand bonheur est de bâtir des romans incroyables auxquels elle finit par croire fermement.

De temps en temps les orateurs montraient du doigt le portrait de Mlle Coulon, peint en vingt endroits sur la toile, et cela donnait une grande valeur à leurs affirmations.

C'était une preuve ; ils pérorèrent avec plaisir ainsi toute la journée ; quand on ferma les portes du parc, après la nuit tombée, ils continuèrent de pérorer dehors.

Il y avait cent versions qui ne se ressemblaient point, mais qui toutes étaient la vérité même.

Il est doux et flatteur, pour un abonné de la presse bien informée, quand il rentre, le soir, au domicile conjugal, de pouvoir dire à sa femme : Voici une histoire qui n'est pas encore dans les faits divers de notre journal !

On ne peut nier l'utilité des voyages.

Mais quelle joie, quelle grande et pure joie dans cette maison Sicard, naguère pleine de deuil ! On envoya, cette fois encore, chercher le père à son bureau. Il ne reconnaissait pas l'enfant, lui, mais il crut, sur la foi de la mère.

La Cour était à Saint-Cloud ; le docteur Pigache, l'excellent médecin de Louis-Philippe, fut mandé. La blessure de Rosette était peu de chose, mais son évanouissement se prolongea par le sang qu'elle avait perdu.

La mère ne disait rien ; l'excès de son bonheur la faisait muette.

Elle était penchée sur son trésor et guettait le premier signe de vie.

Parfois, elle croyait être le jouet de ce rêve qu'elle avait déjà fait si souvent ; d'autres fois, des épouvantes folles lui prenaient le cœur. L'enfant restait toujours immobile. N'avait-elle retrouvé sa fille que pour la voir mourir ?

Enfin, le moment attendu si ardemment arriva. Rosette rouvrit ses yeux plus beaux dans leur langueur et promena un regard étonné tout autour d'elle. Mme Sicard lui tendit les bras en pleurant, M. Sicard l'appela ma fille. Elle resta froide, demandant son père et sa mère.

— C'est moi qui suis ta mère !

— C'est moi qui suis ton père !

Ces deux cris de l'âme se confondirent. On eût dit que Rosette ne les entendait pas.

— Non, non, dit-elle, je ne vous connais pas, je demande mon père, je demande ma mère, mon vrai père et ma vraie mère, ceux qui m'ont nourrie, ceux qui m'ont donné mon talent ; je veux les voir, où sont-ils ?

M. Sicard fronça le sourcil. Il comprit qu'on lui avait volé non seulement sa fille, mais encore le cœur de sa fille. Mme Sicard dévora ses larmes. Le père était sur le point de se fâcher déjà ; la mère ne comprenait pas que la colère fût possible. Elle était bien jalouse de ceux que sa fille aimait ainsi, tout infimes et vaincus qu'ils étaient ; elle enviait leur sort, mais elle souriait, mais elle était patiente, mais elle se préparait de parti pris à souffrir tout pour regagner le cœur de sa fille.

Elle interrompit son mari qui accusait avec violence le ménage saltimbanque ; elle voyait dans les yeux de Rosette que celle-ci défendrait les absents.

Les attaquer c'était se mettre contre sa fille !

— Nous sommes tes parents, petite chérie, dit-elle seulement. Il est aisé de pardonner quand on est heureux. Nous voici au comble de la joie et nous ne voulons point de mal à ceux qui nous ont fait tant de mal.

Cette voix remua quelque chose dans l'âme de Rosette. L'étonnement, néanmoins, dominait en elle.

— Tu as reconnu le pauvre vieux Griffon, reprit la mère qui serrait sa main entre les siennes doucement.

Rosette ferma les yeux.

— Oui, murmura-t-elle d'une voix entrecoupée. J'essaye de voir au-travers d'un brouillard... j'ai reconnu aussi les arbres...

— Nous avions suivi la Cour aussi cette année-là, interrompit Mme Sicard. Nous revenions justement de Saint-Cloud quand tu fus enlevée.

— Enlevée ! répéta Rosette.

Ce mot semblait n'avoir pour elle aucune signification.

— Volée ! expliqua M. Sicard.

— Vous, lui dit Rosette durement, je suis bien sûre que je ne vous ai jamais vu.

— Et moi ! tu m'as donc vue ! s'écria la mère.

Rosette hésita.

— Vous ?... balbutia-t-elle.

Puis, cachant sa tête charmante entre ses mains, elle s'écria :

— Je ne sais plus ! je ne sais plus !

— Je donnerais la moitié de notre fortune pour que Fanchon fût ici ! dit Mme Sicard.

Fanchon ! Grand Dieu ! Fanchon ! La Normande ! Elle devait être Mme Brunet ! et peut-être même enfin fruitière.

Au nom de Fanchon, Rosette fit un mouvement et ses yeux brillèrent, mais ce ne fut qu'un éclair passager.

— Je vous en prie, dit-elle, si vous m'aimez, parlez-moi de ceux que j'aime. Où est mon père ? où est ma mère ?

— Ici, répondit M. Sicard irrité pour tout de bon; vous n'avez pas d'autre père et d'autre mère que nous, mademoiselle!

Des larmes vinrent aux yeux de Rosette.

Mme Sicard l'attira sur son cœur et lança un regard de reproche à son mari, disant :

— Si elle les aime, c'est qu'ils ont été bons envers elle. Voudriez-vous que votre enfant n'eût pas de cœur ?

M. Sicard haussa les épaules. C'était un excellent employé : une manière de bourru bienfaisant qui commençait toujours par se fâcher et qui avait gâté bien des affaires en sa vie.

Rosette répéta, en s'adressant à Mme Sicard :

— Je vous en prie, vous qui êtes bonne, dites-moi où sont mon père et ma mère.

— Il paraît que je suis méchant, moi, mademoiselle! tonna M. Sicard. Ceux que vous appelez votre père et votre mère sont où l'on met les voleurs d'enfants !

— Où met-on les voleurs d'enfants ? demanda naïvement Rosette.

— En prison.

Elle se leva toute droite à ce mot. Ses prunelles s'allumèrent comme deux feux.

— En prison! répéta-t-elle, et c'est vous qui les avez fait mettre en prison !

Elle s'était élancée jusqu'à son père que son regard brillant menaçait.

Depuis le jour de leurs noces, il n'y avait jamais eu un nuage entre M. et Mme Sicard. Celle-ci était la plus modeste et la plus obéissante des femmes. Cependant son doigt tendu montra la porte de sa chambre à coucher pendant qu'elle prononçait entre ses dents serrées :

— Vous êtes ici chez moi, monsieur, sortez !

M. Sicard, stupéfait, obéit.

Dès qu'elle fut seule avec l'enfant, Mme Sicard la reprit dans ses bras et l'accabla de baisers.

— Tu les aimes, dit-elle, tu fais bien de les aimer, je les aime aussi. Ne

crains rien ! Je suis assez forte pour vous protéger tous. Je ne te demande
qu'une chose, c'est de m'aimer un peu, moi qui suis ta mère et qui t'ai si
amèrement pleurée !

Cette fois les larmes vinrent aux yeux de Rosette qui déposa un baiser
sur le front de sa mère.

Mme Sicard l'enleva dans ses bras et courut jusqu'à la porte qu'elle
ouvrit, appelant son mari comme une folle et criant :

— Elle m'a embrassée ! elle m'a embrassée !

Monsieur, sortez !

A l'arrivée du couple Coulon, Rosette se jeta dans leurs bras.

IV

Il le fallut bien, Paul, mon filleul, M. Sicard eut beau faire et beau dire : il n'était plus le maître dans sa maison.

C'était déjà cette petite sauvage de Rosette qui commandait en souveraine.

Le père était revenu, figure-toi, à l'appel de la mère et tout son courroux était tombé comme par magie devant le sourire de l'enfant.

Ils étaient réconciliés sa fille et lui, parce qu'il avait capitulé, parce qu'il avait promis d'aller chercher M. Coulon fils et Lodoïska, oui, lui-même, à la prison, de son pied, M. Sicard, haut employé ! promis d'aller chercher les saltimbanques qui lui avaient volé sa fille !

Tu comprendras cela quand tu seras plus grand. Ce sont de charmants et doux miracles que les mères savent produire. Elles ont la puissance des bons anges que les esprits forts croient perdue depuis le temps. La main sur le cœur, qui est un talisman, dès qu'elles disent : Je le veux, le prodige s'opère, parce que le cœur des mères est lui-même un miracle : le plus doux et le plus charmant des miracles de Dieu !

Deux ou trois fois en chemin, M. Sicard se demanda s'il était fou ; mais ceci ne l'arrêta point. Il voyait rayonner devant lui la joie de sa pauvre femme qui avait tant pleuré !

Et il allait ; je crois qu'il courut.

Et il réclama M. Coulon fils, et il réclama la vieille Lodoïska : il eût réclamé tous les saltimbanques de la foire !

Il expliqua la chose comme il put, le brave homme. Le vol d'enfant devint une bonne action. Le ménage Coulon avait recueilli une pauvre petite fille égarée.

Ce qu'il dit importe peu.

On lui rendit le ménage Coulon qu'il ramena en triomphe à la maison.

En chemin, Coulon fils prononça un boniment de reconnaissance, et Lodoïska pleura une harangue. M. Sicard ne les écoutait pas. Il avait un peu honte d'aller en pareille compagnie, et crainte aussi de rencontrer quelqu'un de « l'administration » ; mais sa femme avait dit : Je le veux !

Et Rosette attendait !

Elle souffrit bien encore, la pauvre mère. A l'arrivée du couple Coulon, ce furent des transports de joie : Rosette se jeta dans les bras du porte-voix et mangea de baisers l'affreuse Lodoïska.

Le ménage Coulon n'était pas non plus à son aise. Le mari et la femme rendaient bien les caresses à l'enfant, car ils l'aimaient en réalité de tout leur cœur ; mais ce monsieur et cette dame qui les regardaient !

Ce monsieur et cette dame qui étaient le vrai père et la vraie mère ! Les Coulon étaient déconcertés, gênés, sans compter le remords qui, je le suppose, tourmentait bien un peu leurs consciences ; car c'étaient de bonnes gens, je m'obstine à le dire, et la présence de ceux qu'ils avaient torturés faisait tomber les écailles de leurs yeux.

En face de la joie présente de cette mère, Lodoïska devinait les douleurs passées, et Coulon fils lui-même, bien qu'il eût notablement épaissi depuis l'époque du vol, n'était pas sans éprouver de vagues mouvements de contrition.

En outre, il faut bien l'avouer, Paul, Lodoïska n'osait pas ici se moucher dans son tablier, ce qui est pourtant bien commode, et Coulon ne savait sur quel tapis mettre ses pieds, chaussés d'une crotte, intacte depuis tant d'années.

Ils ne demandaient qu'une chose : c'était à s'en aller. Après force révérences et divers saluts, qui ne rappelaient en rien le bel aplomb des saltimbanques, Coulon et Lodoïska prirent le courage d'annoncer leur départ.

— C'est bien, dit Rosette. Allons-nous-en. Je reviendrai voir la dame.

Lodoïska et Coulon fils eurent peur, pour le coup. Ils sentaient parfaitement qu'il ne s'agissait pas de plaisanter.

Ils n'étaient pas fiers. Malgré l'attachement très réel qu'ils portaient à mam'selle Coulon, ils réunirent tous les deux leur éloquence pour lui expliquer sa situation nouvelle. Elle avait cessé d'être Fanfiche Coulon, elle redevenait Rosette Sicard. Conclusion : il fallait se séparer.

Seulement Rosette n'entendait pas du tout de cette oreille-là. Elle se jeta au cou du porte-voix, elle dévora de baisers la peau noire de Lodoïska. Elle déclara qu'elle ne les quitterait qu'avec la vie.

M. Sicard, toujours en fureur, et peut-être il y avait de quoi, envoyait au diable l'aventure et commençait à regretter sincèrement la douce mélancolie qui, chez lui, avait remplacé depuis longtemps la douleur d'avoir perdu sa fille. Il hésitait entre deux moyens héroïques : retenir sa fille de force ou la mettre à la porte avec le ménage Coulon.

Il en était là, ce pauvre M. Sicard, haut employé du château : son tempérament sanguin lui donnait horreur des demi-mesures.

Mme Sicard, néanmoins, lui proposa tout doucement un moyen terme qui conciliait toute chose : c'était de garder les Coulon à la maison.

M. Sicard faillit avoir une attaque d'apoplexie. Garder les Coulon à la maison ! Le porte-voix avec ses pieds ! Lodoïska dont la toilette exhalait les plus effrayants parfums ! Coulon, encore passe, on pouvait le coucher à l'écurie, mais Lodoïska !

Et pour quoi faire ? pour que Rosette pût les appeler papa et maman, les embrasser devant tout le monde, ces deux horreurs, les caresser, les chérir ? Jamais !

De leur côté, les époux Coulon ne mouraient pas d'envie d'entrer dans la famille Sicard. Mettez donc des Iroquois en cage ! Ils avaient le bon sens de leur sauvagerie : ce à quoi ils tenaient le plus, c'était leur liberté. Quand M. Sicard manifesta sa répugnance, le porte-voix prit enfin une pose plastique et lui répondit avec une franchise honorable :

— Excusez, bourgeois, ne vous faites pas de mal. Ça ne nous chausse pas non plus. On a ses habitudes qui n'est pas les vôtres, censément, censé, et puis d'ailleurs... Voilà ! à la musique ! ni vu ni connu, j't'embrouille !

Et Lodoïska, d'une voix pointue qu'elle prenait dans les cas où il fallait de la dignité :

— Un chacun possède son tempérament. Je préfère mieux mon état de grosse caisse que de fainéanter dans la mollesse des autres, sans avoir mon chez soi particulier où me mettre ! L'artiste est comme ça ! voilà !

Tout semblait dit ; mais mam'selle Coulon n'avait pas régné sur eux pendant cinq ans pour perdre son influence en un jour. Elle demanda si on se moquait d'elle et fit de tels yeux que le porte-voix et sa femme baissèrent la tête à l'unisson.

— Je le veux ! dit-elle. Qu'est-ce que c'est que ça ? Pas de réplique !

— C'est bon, c'est bon ! murmura le ménage artiste, on s'y conforme à contre-cœur, si la chose va au bourgeois.

— Parbleu ! affirma mam'selle Coulon gaillardement.

Et pour la première fois, elle tendit son front à son père en disant :

— Est-ce qu'on voudrait faire du chagrin à sa petite Rosette?

Le papa eut comme un éblouissement.

— Ange chéri ! ange chéri ! murmurait la pauvre mère.

— Et pour combien de temps? hasarda M. Sicard.

— Pour toujours, répondit Rosette.

M. Sicard n'ayant pas consenti assez vite, elle frappa du pied et s'écria :

— Sinon, je m'échapperai, je sauterai par la fenêtre, je monterai sur le toit ! Ah ! vous ne voulez pas... tenez !

D'un seul bond, elle atteignit la croisée et se tint debout, en équilibre, sur la barre de fer qui servait de balcon.

Mme Sicard tomba aux genoux de son mari, demi-pâmée. M. Sicard céda. Rosette fit un entre-chat sur la barre de fer et revint embrasser tout le monde.

Ce fut ainsi que Coulon fils et Lodoïska Baju furent installés dans la maison Sicard.

D'un bond, elle atteignit la croisée.

La santé de sa mère malade réclamait tous ses soins.

V

LE COUP DE FOUDRE

Les premiers jours furent atroces pour tout le monde. Le porte-voix et Lodoïska étaient littéralement à la torture. Rosette exigea qu'on leur fît place à table. Ils ne mangeaient pas, par politesse ; ils s'excusaient pendant une demi-heure avant de boire et vous eussiez dit, tant ils semblaient mal assis, que leurs chaises étaient rembourrées avec des pointes de poignards.

Mᵐᵉ Sicard souffrait pour elle-même et pour son mari qui menaçait tout bas de quitter la maison, à cause de l'odeur extravagante que Lodoïska épandait naturellement, comme l'humble violette exhale ses parfums. Rosette seule était parfaitement à son aise. Elle trouvait que Lodoïska sentait bon.

Mme Sicard amadouait son époux de son mieux.

— Patiente un peu, lui disait-elle. Cela ne durera pas.

Elle pensait : il s'y fera. Et quant à ce qui la regardait elle-même, elle eût supporté toutes ces misères et bien d'autres jusqu'à la fin de ses jours, pour la joie qu'elle avait de posséder sa Rosette chérie.

Mais le temps est un puissant magicien, quand Dieu le laisse agir. Le temps, qui avait fait taire la voix du sang chez mam'selle Coulon, devait lui rendre peu à peu la parole. Le temps, qui l'avait si parfaitement métamorphosée en sauvage, devait de nouveau transformer la sauvage en civilisée. Non pas le temps tout seul, car la mère pieuse et douce mit aussi, bien entendu, la main à l'œuvre.

Mais avec quelles précautions !

Ces chers soins furent récompensés. Il y avait chez Rosette tous les germes de la distinction et de la délicatesse.

Ces germes auraient pu s'étouffer pour toujours, mais l'occasion suffit, comme suffit le contact du caillou pour arracher l'étincelle à l'acier.

Au bout d'un mois, Rosette subissait à son insu et très énergiquement l'influence de sa mère. L'amour filial était né. Il grandit vite, parce que l'enfant avait un excellent cœur, où la pensée de Dieu entra comme un sourire.

Et un beau jour, sans secousse aucune, Coulon fils et Lodoïska, cessant d'être esclaves, allèrent en triomphe dîner à la cuisine.

C'est à peine si mam'selle Coulon s'en aperçut. Elle ne les aimait pas moins pour cela.

Seulement, elle comprenait la sagesse de certaines lignes de démarcation, consacrées par autre chose que le préjugé. Mais c'est Lodoïska et Coulon fils qui s'en donnèrent à la cuisine ! Un mois de jeûne ! et de contrainte ! Le porte-voix chanta au dessert toute la chanson dont le refrain fameux est : « ni vu ni connu, j'tembrouille ! »

M. Sicard respira comme si on lui eût ôté de dessus le crâne le dôme de l'Institut.

Il commença à aimer les saltimbanques dès qu'il ne les sentit plus.

Rosette comprit encore autre chose : elle comprit que la science du trapèze et la danse sur la corde raide ne constituent pas une éducation complète. Ce fut elle-même qui demanda à apprendre. Et il faudrait de longues pages, mon filleul, pour te dire les allégresses de sa mère en suivant ses progrès, qui furent brillants et rapides, parce qu'elle avait l'intelligence aussi solide que le cœur.

Il y eut une grande fête, la première communion, qui emplit la maison d'allégresse. M. Sicard, le haut employé du château, se vantait volontiers de n'être pas « un cagot », mais ce jour-là, on le vit à la paroisse pleurer toutes les larmes de son corps.

Quant au ménage saltimbanque, il avait reconquis sa liberté. Ils s'en allaient tous deux, Coulon fils et Lodoïska, pendant des semaines entières, on ne savait où, mais ils revenaient toujours comme des brebis égarées au bercail. Ils avaient demandé d'eux-mêmes des lits dans l'écurie. Rosette était enchantée quand elle les voyait ; son père et sa mère aussi, car M. Sicard avait fini par s'intéresser à cette bizarre existence et il les appelait : ma ménagerie.

De bonne amitié, s'entend, et les choses n'en étaient pas plus mal arrangées ainsi, car les époux Coulon confondaient maintenant Rosette, Mme et même M. Sicard dans un même et chaleureux dévouement. Si, par hasard, l'occasion se présentait de rendre un petit service *aux maîtres*, ils rivalisaient de zèle. On voyait alors Coulon fils hâter son pas d'hippopotame et Lodoïska glisser comme une flèche avec son madras, qui coiffait toujours des cheveux hérissés, et sa robe d'indienne, collée comme un linge à la maigreur de ses jambes.

Ils ne s'en cachaient pas, quand ils avaient bu la *consolation* chez le liquoriste : tous deux se seraient fait hacher pour Monsieur et Madame. Monsieur était généreux depuis qu'ils ne mangeaient plus à table, Madame avait toujours quelque chose à donner, Rosette les comblait de présents : ils auraient pu, en vérité, mettre à la caisse d'épargne.

Mais la caisse d'épargne est pour les bourgeois, non pour les artistes ; jamais les grands aïeux, jamais les Coulon, jamais les Baju n'avaient connu cette institution. La grosse caisse méprise la caisse d'épargne.

Fallait-il que la foudre éclatât soudain au milieu de tant de prospérités ! Les Sicard étaient à Neuilly, où le roi les logeait. Un matin, en 1848, à la fin de l'hiver, ils entendirent un bruit sinistre qui venait de Paris. M. Sicard, qui était alors un gros bonhomme un peu lourd, fut longtemps à deviner que ce bruit était la voix du canon.

Pourquoi le canon? N'interrogez jamais les révolutions ni la grêle. Cela tombe par les mauvais temps.

La révolution de février jetait en bas du trône celui que la révolution de juillet y avait assis; les barricades se retournaient contre le roi des barricades; le peuple de Paris condamnait à sa manière et en dernier ressort ce vieillard aimable et doux qui avait gouverné une nation comme on gère une commandite, essayant humblement de faire oublier aux bourgeois qu'il était le petit-fils de saint Louis.

Pendant les trois jours de la lutte, Coulon fils et Lodoïska ne parurent point. Ils étaient occupés là-bas, dans le quartier du Temple, à dresser des barricades.

Veux-tu savoir pourquoi ils dressaient des barricades, petit Paul?

Je n'en sais rien et je crois qu'ils étaient dans le même cas que moi.

Il y a des instants où le ménage Coulon éprouve un pressant besoin de changer la forme du gouvernement. Cela se produit surtout quand il a du pain sur la planche.

Le quatrième jour une bande de forcenés vint à Neuilly. Ce n'était pas le peuple. On ne peut jamais dire d'où sortent ces gens-là, que les révolutions font surgir comme les batailles appellent l'impur troupeau des chacals. Le château fut détruit, pillé, incendié; les Sicard perdirent en un instant tout ce qu'ils avaient au monde et M. Sicard mourut le soir même, frappé d'une attaque d'apoplexie.

Je dis que les Sicard perdirent tout ce qu'ils avaient au monde. Ils ne possédaient point d'immeubles en effet : leur fortune entière était placée chez ce banquier célèbre dont la révolution de février détermina la chute et dont la chute ruina tant de familles. Le lendemain de la mort de son mari, Mme Sicard était sans abri, sans ressources et n'avait pas de quoi payer son deuil.

On congédia tous les domestiques, on loua une chambrette dans le village de Neuilly.

La mère et la fille étaient seules avec le pauvre vieux Griffon qui se mourait d'âge.

Naguère la maison était pleine d'hôtes, car M. Sicard avait une place qui lui permettait de rendre service à ses amis : ceux qui sont ainsi ont toujours de nombreux amis. Maintenant, c'était la solitude complète et morne.

Les amis s'en vont avec le bonheur.

Pendant les premiers huit jours, Rosette n'eut pas à ouvrir une seule fois la porte de la pauvre chambre.

Cela ne l'étonnait point, ou plutôt elle ne faisait point attention à cela, car la santé de sa mère malade réclamait tous ses soins ; mais en comblant sa mère de caresses angéliques, elle ne pouvait s'empêcher de songer parfois aux Coulon.

Elle comprenait la désertion générale ; le peu qu'elle avait vu du monde lui avait déjà ouvert suffisamment les idées à cet égard.

Mais les Coulon ! ce pauvre extravagant ménage ! Quel prétexte avaient-ils pour manquer de cœur comme les gens avisés ? Coulon fils qui voulait se faire tuer pour Madame ! Lodoïska qui disait... ah ! que ne disait-elle pas ?

— Ces pauvres Coulon, murmura un jour la malade avec une certaine amertume, ont bien pensé que nous n'avions plus rien à leur donner.

Ce reproche, modéré dans sa forme, perça l'âme de Rosette. Elle n'en admettait que trop la justesse. Au fond, comme elle était toujours du parti des Coulon, elle se cacha pour pleurer.

— Bonne mère! dit-elle après un silence, nous ne serons pas si pauvres que vous croyez. J'ai mon ancien état...

Mme Sicard, toute faible qu'elle était, se leva sur son séant:

— Si tu m'aimes, Rosette, répliqua-t-elle avec énergie, n'aie jamais cette pensée, et surtout ne l'exprime jamais devant moi. Je préfère la mort elle-même...

Elle fut interrompue par le bruit de la porte, qui s'ouvrit sans qu'on eût frappé.

Rosette était déjà dans les bras de papa et de maman Coulon.

— Pour quant à ça, dit le porte-voix en prenant une de ses plus belles poses plastiques, ceux ou celles qui disent que nous n'étions pas dans le cas de revenir font du tort au sentiment. On a été pas mal à la musique, c'est vrai, toto, Carabo, ni vu ni connu, j't'embrouille! Mais on a travaillé aussi et on n'est pas capable d'oublier les maîtres dont on porte le deuil du défunt, dans le cœur et sur la peau!

Ils étaient tous les deux en grand noir.

Mme Coulon ajouta, en dépliant un mouchoir dont la description serait malséante:

— Je n'ai jamais tant pleuré depuis Baju!

— Il y a donc, reprit Coulon, que nous avions l'inadvertance d'écouter derrière la porte, au moment où Madame parlait de nous...

— Pardon, excuse de l'hardiesse! intercala Lodoïska.

— Comme de juste! Et j'opine que Madame a mis le doigt dessus en prohibant l'ancien état pour la demoiselle. N, i ni, c'est fini! N'empêche que, si j'avais su, je n'aurais pas fait la révolution! C'est bête. Cause, Lodoïska, tu l'as mieux pendue que moi, j'entends la langue.

Lodoïska prit une pause à son tour, et dit:

— Rien dans les mains, rien dans les poches. C'était Baju qui dévidait un bavardage. Ça ne fait rien. L'enfant ne peut pas redanser sur la corde; n'y a plus de mam'selle Coulon. Pas besoin de se fâcher; on ne paye qu'en sortant, si un chacun se trouvera satisfait. Quoi donc! nous en avez-vous fourré assez de bienfaits quand vous en aviez de trop! Coulon avait mis dans un bas, sans me le dire, et moi, en cachette, j'avais mis dans un trou. Par quoi nous avions six cents francs. Alors, Coulon a dit : « Portons la chose à madame. » Moi, j'ai dit : « Non... »

— Comment ! non ! interrompit Rosette, déjà indignée.

— J'ai dit non, répéta Lodoïska dont le pauvre laid visage souriait. J'ai ajouté : « C'est pas assez. Partez, muscade ! Montauciel veut se retirer ; il a gagné de quoi ; achetons sa baraque. L'argent rapporte au lieu de se manger. Madame aura un petit logement par là-bas ; Coulon lui fera ses courses et moi son ménage. » Coulon n'a pas l'esprit de mon premier Baju, mais il est bon enfant. Il a dit : « A la musique ! » J'ai reparti : « Plus de musique ! ça coûte ! » Et nous avons été parler comme ça avec Montauciel. L'argent est rare : il a sauté sur le magot comme un dévorant. C'est à nous la baraque pour cinq cents francs. Avec le reste, nous avons loué la chambre de Madame, qu'est prête, avec un cabinet pour Mademoiselle. Si Madame était dans le cas de nous refuser, on verrait bien qu'elle nous méprise, et ça ne serait pas comme il faut de sa part.

— Allez ! ajouta Coulon fils, prenez vos billets ! Saute, paillasse ! Toto, Carabo ! ni vu ni connu, j't'embrouille !

Ils pleuraient tous les quatre, et Mme Sicard remerciait la Providence.

Le couple Coulon.

Madame Brunet les arrêta au passage. (Page 198.)

VI

LES CANCANS DE LA PORTIÈRE

Pourquoi refuser, bon Dieu? Y a t-il honte à recevoir le bienfait de deux excellents cœurs? Mme Sicard accepta, et le ménage Coulon exécuta un pas ou deux dans la chambrette, avec poses plastiques. Coulon et Lodoïska étaient fous de joie.

Après le premier moment d'enthousiasme, ils s'excusèrent respectueusement.

Rosette était si fière d'eux qu'elle ne regrettait plus du tout la fortune perdue.

Dès que Mme Sicard fut rétablie, on émigra Le petit logement du faubourg du Temple était propre et gentil. Il avait vue sur de grands jardins et le bon air y entrait par deux larges fenêtres.

La maison avait pour concierge une énorme femme, de race normande, qui se nommait Mme Brunet. C'était l'ex-Fanchon. Voyez comme on se retrouve !

Son mari était un ancien caporal de l'armée française, qui regrettait amèrement d'avoir eu le goût des Tuileries dans sa jeunesse.

Mme Brunet n'aurait pas mieux demandé que de molester les Sicard, mais elle respectait Coulon fils, qui lui avait promis de lui fournir une *tripotée* à la première occasion. Coulon fils, d'ailleurs, payait le loyer le jour du terme avec une rigoureuse exactitude.

Le bon Dieu bénit les bonnes gens, Paul, et il n'y a point de sot métier quand on le fait honnêtement et bien. Les Coulon aussi s'étaient quelque peu civilisés ; ils ne volaient plus d'enfants et les amateurs de la capitale trouvaient toujours dans leur baraque un spectacle varié. Ils avaient les premiers sujets de la foire, un tableau superbe, et de l'expérience.

Coulon fils était devenu presque aussi éloquent que le premier Baju, dans le porte-voix.

Lodoïska n'embellissait pas, mais on comprenait que le crocodile eût peur d'elle et que le grand serpent boa ne la voulût point mordre.

La baraque prospérait. Cela ne suffit pas d'ordinaire. Pain gagnant, pain mangeant, comme ils disent dans leur jargon expressif : l'économie est une déesse qui n'a point d'autels à la foire, mais désormais la maison Coulon possédait un élément de vitalité qui devait la placer au-dessus de ses rivales. Mme Sicard était comme une providence qui veillait d'en haut sur ses humbles protecteurs. Mme Sicard était l'ordre : grâce à elle, le capital de six cents francs s'arrondissait de jour en jour et devenait une petite fortune.

Cependant Rosette avait pris ses dix-huit ans, et c'était la plus jolie personne du quartier : douce, modeste, pieuse, instruite et entourant sa mère qui allait vieillissant des soins de son angélique tendresse. Un soir, Coulon fils rentra soucieux et Lodoïska était sombre comme une nuit sans lune.

Mme Brunet, la concierge, les avait arrêtés au passage, les avait fait

Rosette et Edouard s'agenouillèrent devant Mme Sicard. (Page 202).

entrer dans sa loge et leur avait offert un verre de cassis à chacun, tout cela pour leur enfoncer à loisir un poignard dans le cœur.

Il y avait dans cette énorme Fanchon de quoi tailler deux ou trois portières envenimées.

Elle avait raconté au couple Coulon comme quoi un beau jeune homme venait depuis quelque temps rôder dans la rue, comme quoi il regardait toujours une fenêtre de Mme Sicard et comme quoi cette fenêtre était celle de Rosette.

Pour eux-mêmes et pour ceux de leur sorte, Coulon fils et Lodoïska n'étaient peut-être pas tout ce qu'il y a de plus austère, mais pour Rosette, c'était bien différent. Dès qu'il s'agissait de Rosette, un coin de leur cœur s'ouvrait qui renfermait les délicatesses les plus raffinées. Ils étaient jaloux de l'honneur et du bonheur de Rosette tout autant que Mme Sicard elle-même.

Ils gardèrent le silence pour ne point effrayer la pauvre mère.

Mais le lendemain Mme Brunet avait parlé. Quand elle parlait, la redoutable créature, on l'entendait jusqu'à la Bastille. Tout le quartier savait qu'un beau jeune homme passait et repassait dans la rue devant les croisées de Rosette. Ce méchant bruit ne pouvait manquer de venir aux oreilles de Mme Sicard.

— Voilà, dit Coulon, le soir en rentrant. Cause, Lodoïska : ni vu ni connu, j't'embrouille ! Madame va avoir l'intolérance de t'écouter.

Lodoïska ayant pris la pose plastique convenable à la circonstance, s'exprima ainsi :

— Il y a donc que le jeune homme est de notre connaissance favorable et même particulière, élevé dans l'état, mais l'ayant quitté depuis lors pour la peinture à l'huile, qu'il professe sans bénéfices avec courage, dans l'intention de s'acquérir un sort indépendant par son mérite.

Mme Sicard ne comprenait rien à ce début, mais Rosette écoutait.

— Allez ! dit Coulon fils, prenez vos billets ! suivez le monde.

Lodoïska poursuivit :

— C'est Édouard qu'il a nom. Sans égaler le célèbre Dolinquand, il peint des portraits de grandeur naturelle. Paris n'a pas été bâti en un jour… Mademoiselle l'a donc fréquenté à l'instar de frère et sœur dès sa plus tendre enfance…

— Ma fille ! s'écria Mᵐᵉ Sicard avec effroi.

Rosette vint donner un baiser à sa mère.

— Suivez le monde ! répéta Coulon fils en s'essuyant les yeux, et d'une voix de tonnerre.

— Comme quoi, reprit Lodoïska, Coulon n'est pas Baju, mais il a bon cœur. Nous nous sommes transportés chez M. Édouard pour l'interroger de ses intentions. Naturellement, il n'a que des prédispositions honorables à l'égard d'un mariage légitime, si Madame y consent toutefois à faire le bonheur des deux futurs dans sa tendresse, à l'église et à la mairie.

— Mais tu ne m'as jamais parlé de cela ! murmurait Mᵐᵉ Sicard à l'oreille de Rosette.

— Mère, quand nous étions petits, je l'aimais bien. La dernière fois qu'il m'a parlé, ce fut le jour où tu m'as retrouvée.

Le porte-voix se démenait comme un diable et criait :

— On va commencer ! Allez, messieurs et dames ! demi-prix pour les enfants et les militaires !

— La conséquence, acheva Lodoïska, c'est qu'on établirait les jeunes gens, Coulon et moi, avec nos dix mille francs, et qu'on serait heureux comme des rois et reines de la chose d'avoir contribué légèrement à leur félicité.

— La clarinette ! hurla Coulon qui était fou. Tapez, la caisse ! Cent kilos à bout de bras ! On fera la noce aux *Vendanges de Bourgogne !* à la musique, pour le coup ! Ni vu ni connu, j't'embrouille !

Lodoïska ouvrit la porte. Édouard entra. Rosette et lui s'agenouillèrent devant Mᵐᵉ Sicard qui ne les voyait qu'au travers de ses larmes.

Madame Brunet.

VII

LA MAISON DE LA RUE DE L'OUEST

Voici où nous sommes forcés de blâmer sévèrement Coulon fils. Pendant le repas de noce, qui eut lieu le mois suivant, il fit un peu trop de musique et quitta subitement les *Vendanges de Bourgogne* pour une affaire. En revenant, il dit que l'affaire était faite. L'affaire consistait en une *tripotée* majestueuse dont il avait comblé Mme Brunet, née Fanchon.

A part ce fait, qui laissa des noirs sur le visage de cette portière, les historiens contemporains sont muets à son égard. Le fils Coulon ne lui garda pas rancune.

Édouard avait du talent. Le bonheur le grandit tout d'un coup.

Dis à ton père, petit Paul, de te mener derrière le Luxembourg, dans une belle maison qu'il connaît aussi bien que moi et dont le rez-de-chaussée ressemble à une église. C'est l'atelier d'Édouard, qui est maintenant un maître de l'art chrétien. Les petits enfants de Rosette sont de ton âge et beaux comme toi. Ils te conduiront à leur mère : doux sourire de madone, et à leur aïeule, qui est vieille, vieille, mais dont la bonté égaye encore la maison.

Mme Sicard ne pleure plus : elle ne sait que remercier Dieu.

Dans la cour, tu trouveras un monument en marbre blanc qui est signé Simart et Pradier ; c'est le tombeau de Griffon.

Tout au fond enfin, tu verras une maisonnette entourée de feuillages.

Ils sont là tous les deux, les saltimbanques en retraite, Coulon fils et Lodoïska. N'aie pas peur de son madras : tu sais ce que vaut son cœur. Va, filleul, le vieux Coulon a des gâteaux qui sont propres et tout frais, maintenant. Il te dira de prendre tes billets et de suivre le monde, toto, Carabo, ni vu ni connu, j't'embrouille !

Ils ont un grand ami, vicaire à Saint-Jacques-du-Haut-Pas. C'est lui qui m'a raconté cette histoire et il a mis un bénitier dans la ruelle de leur lit.

Coulon et la concierge.

TABLE DES MATIÈRES

LES BELLES DE NUIT

LES TROIS HOMMES ROUGES

UN MYSTÈRE DE PARIS

FIN DE LA TABLE DES MATIÈRES

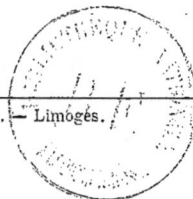

Marc Barbou et Cⁱᵉ, imprimeurs-éditeurs. — Limoges.